Brasília, março de 2021.

Índice

Em respeito à memória de Armando Souto Maior, João Camilo de Oliveira Torres, Robert Southey e principalmente em respeito a ti, ó leitor, não iniciarei esse trabalho com a História do Brasil. Porém, por um pouquinho de amor-próprio e anseio de ser bem compreendido no teor dessa publicação, inicio com uma historieta do Brasil. A essa eu posso me dedicar sem ofender a memória dos grandes historiadores e sem prejudicar sua compreensão, ilustre leitor, com relação ao livro que tens nas mãos. Peço unicamente, devido à síntese desse breve relato que aí vai, que me dediquem alguns minutos de plena atenção.

Historieta do Brasil

Belos índios povoam essa terra vermelha. Espanhóis e aí temos os irmãos latinos. Portugueses, cá estamos nós brasileiros. Açúcar, Ouro, Café e República. Deodoro nos tira a coroa e nos dá o quepe. Golpes. Fraudes eleitorais. Militares e Sarney, nosso homem supérfluo[i] que, justamente por ser vazio era o único possível representante de toda a imensa massa política do nosso Brasil.

Redemocratizados. Se os militares trouxeram a Ordem, faltava o Progresso e Comte poderia então dormir em paz. Fernando Henrique Cardoso, como bom marxista pavimentou a chegada da Fraternidade, o tempo de paz socialista tão sonhado debaixo das barbas dos generais e cantada pelas ruas na voz de Geraldo Vandré. Temos Lula, que trocando o visual de sindicalista de birosca por um terno azul marinho, era então só paz e amor.

Fome Zero. PAC. Mulher sapiens e T...

Chega então o momento que o Romancista preservou por quinhentos anos. O povo revoltado e com a corda no pescoço dá a última cartada. Após a saudação à mandioca, o Brasil não tinha mais chances de errar. O personagem principal não decepciona, e do fundo do pântano em que Dilma o lançou, vai às ruas, vai às urnas e elege um louco pois já é o dito "pra dar jeito em um louco, só outro louco".

"Dá que eu te dou outra", "não quer ir pra lá, é só não matar, não roubar...", "vamos fuzilar a petralhada"... está eleito Jair Messias Bolsonaro, o presidente que viveu toda a vida pública em dois mundos, justamente os dois mundos que compõem a totalidade da História do Brasil: Exército e Política.

Vamos falar do Impeachment na República, tendo como pano de fundo o Governo Bolsonaro.

Prólogo

Um breve ensaio sobre o presente

O ano de 2021 começou com uma unanimidade poucas vezes vista na história da República. Em um país que não se une nem mesmo em redor do samba ou do futebol, onde as escolas e clubes mantém vivo o libertador sentimento da discordância, vemos setores até então anunciados como arautos da Democracia abandonarem qualquer anseio de representação da vontade popular e bradar, uníssono, a necessidade do impeachment do Presidente da República.

Os setores da Política, do Jornalismo e das Artes, hoje estão unidos no clamor pela dissolução do Poder Executivo na Capital Federal. Para entender o cenário é preciso começar pela análise destes setores (ou a definição dos termos, como ensina o Leviatã[ii]).

Política

A Política no Brasil é dominada pela característica do partidarismo, ou seja, quando me proponho a analisar o setor político, tenho que analisar inicialmente partidos políticos. Na República, a política (partidos políticos) se divide em situação e oposição, contando há meio século com um novo *player*, o centrão.

Situação

Nome dado ao grupo que está no Poder, o que no Governo Bolsonaro não compreende nenhum partido político (!). O Presidente que foi eleito pelo PSL – partido que tinha apenas duas cadeiras no Congresso e passou, da noite para o dia, a contar com 52 cadeiras – hoje tem neste mesmo partido um dos maiores opositores, uma vez que lá se encontram justamente os novos-políticos eleitos em 2018 mas que se tornaram, em menos de um ano, os maiores opositores (e delatores) da proposta vencedora nas urnas.

Além do PSL, apenas o PTB anunciou apoio a Jair Bolsonaro no segundo turno da eleição em 2018. Partidos que se tornaram satélites do Governo após declarada a vitória do 17 nas urnas, como PSC, Republicanos, DC e PRTB não colocam seus times em campo para engrossar o coro da situação. Assim, o atual presidente não tem, mesmo após diversas tentativas de alinhamento ao DEM e ao PMDB, e sequer após abraçar candidaturas do Republicanos no RJ e SP e enviar os próprios filhos para se filiar a esse partido, nem mesmo assim... Jair Bolsonaro não tem nenhuma sigla formando a tal Situação.

De tal forma, vemos após três décadas do fim do governo militar uma situação que não se caracteriza por partidos políticos, mas por um setor onipresente na política brasileira desde o Império, os militares (dos quais trataremos mais à frente, em capítulo próprio).

Oposição

Em um cenário onde não há Situação, não surpreende termos hoje mais de 30 partidos de oposição ao governo. Além dos clássicos vermelhos PCO, PT, PSTU, PSol, PCdoB *et caterva*, temos a sensatez do azul-marinho que veste partidos autodeclarados como a parcela nobre e sensata da política brasileira: DEM, PMDB e PSDB trabalhando de forma muito mais agressiva que a eterna oposição brasileira, os petistas.

O Governo Bolsonaro não enfrentou, em nenhum momento de sua primeira metade de governo, o bloco vermelho da política brasileira. Não foi o PT que derrotou o decreto das armas, ou instaurou a CPI das Fake News, ou boicotou o protocolo da Hidroxicloroquina ou se alinhou à imprensa paulista para esquentar a denúncia de irresponsabilidade na gestão da pandemia de COVID-19, o que nos traz à análise aqui presente da possibilidade de um impeachment presidencial no intervalo 2021-22.

O Palácio do Planalto hoje enfrenta duas frentes de batalha, atuando em duas esferas diferentes, os vermelhos atuando na Cultura (infraestrutura) e os azuis dominando a Política (superestrutura). Com tal estratégia, vemos o imaginário popular avançando passiva e rapidamente no ritmo que a esquerda quer, absorvendo a ideia do desencarceramento, legalização da maconha, relativização da propriedade privada e da liberdade individual, normalização da vida sem a prática do culto cristão e aceitação do assassinato de bebês no ventre materno. Concomitantemente, a nobre *direita brasileira* domina todas as estruturas políticas em Brasília (Câmara dos Deputados, Senado, STF, conselhos e órgãos de classe) e nos estados (estatais estaduais).

Centrão

Nascido na Constituinte de 1988, o grupo que se julga imparcial demais para ser visto como esquerda ou direita, nada mais é que um grupo covarde demais para tomar o lado do eleitor, seja ele de esquerda ou direita. Comum aos covardes, o centrão é o time que quer vencer sempre, independente da essência.

Assim, o Centrão não é formado por partidos, mas por políticos. Agentes do DEM, MDB, PSDB, PSL e qualquer outro partido brasileiro compõem esse grupo que, hoje, devido ao seu tamanho (estimasse algo entre 180 a 220 congressistas) dá as cartas em Brasília.

Esse grupo é hoje o maior opositor ao governo Bolsonaro, pois livre das amarras de uma ideologia, pode explorar qualquer faceta de cada discussão, o que no país da Lei de Gerson significa a expressão máxima da vontade popular: *vencer sempre*.

É o Centrão quem feriu (de morte?) o único grupo que entrou de peito aberto fazendo a defesa intransigente de Jair Bolsonaro desde a campanha presidencial, a militância de rua. Pessoas comuns que formaram um exército que chegou a contar com sete milhões de pessoas mobilizadas nas ruas por pautas como a Reforma da Previdência, indiscutivelmente impopular.

Com a militância fora de cena, o Centrão conseguiu dominar o cenário nacional a partir de uma ação em Brasília quando, ao prender apoiadores e lançar o poder de polícia em cima de apoiadores do governo que trabalhavam na comunicação junto às massas, convenceu o Presidente da República de que a pacificação das ruas seria o pagamento do resgate.

Inteligentemente o Centrão sequestrou a pauta política (*sentando* em cima da Reforma da Previdência por um ano), e pediu o resgate (a retirada da militância das ruas). O Presidente da República pagou o resgate, não recebeu de volta o sequestrado, e hoje está nas mãos de todos os três setores abordados aqui.

Jornalismo

O ofício de Rui Barbosa, Machado de Assis, Roberto Campos, Paulo Francis e Olavo de Carvalho, a saber o jornalismo, que era sintetizado na missão *"vá e descubra a verdade, descobrindo-a, conte ao povo"*, hoje não mais pode ser assim resumido. Há décadas acredita-se haver um ofício mais importante que descobrir a verdade, construir a sociedade.

Formadores de opinião em todo o mundo descobriram que podem convencer a sociedade, ao invés de apenas descobrir fatos e relatá-los. De tal forma, quem antes se dobrava ao passado relatando o *ocorrido*, passou a construir o futuro trazendo *a verdade verdadeira*[iii].

As matérias que antes relatavam uma tentativa de homicídio de um marido traído contra sua esposa, hoje falam sobre o machismo, uma chaga que domina o homem moderno que, não aceitando ganhar menos que a mulher agora inserida no mercado de trabalho, reformula o Complexo de Édipo e precisa matar a mãe para se sentir o Pai provedor. "Não seja machista, a verdade é que a origem de tudo está na mãe, voltemos a ela e construamos uma sociedade centralizada na mulher, essa é a fórmula para o bem-estar social."

Ser jornalista hoje é estar acima do conhecimento e da compreensão de tudo. Para isso, o jornalista tem liberdade de carteirada, sigilo da fonte e acesso a ministros de justiça em restaurantes caros na capital. Se os Liberais foram, no Império, os Construtores da República, os Jornalistas são, na

República, os construtores da Nova Sociedade, o lugar onde não há injustiça.

Sendo então os encarregados de trazer nas costas o peso do amanhã, os jornalistas brasileiros (não sou jornalista pra carregar o fardo desumano de abordar aqui o jornalismo mundial) concluíram que o Brasil Justo precisa se livrar de Jair Bolsonaro, e só então poderá caminhar rumo à liberdade religiosa, Serviços Públicos Gratuitos e de Qualidade® e relações internacionais com os países que também caminham rumo à Nova Jerusalém Karnal: França, Alemanha, China e Argentina, para citar alguns.

O Governo Bolsonaro, cercado pelo que há de melhor no Conselho Militar Brasileiro, se deixou convencer de que, escalando um parente do maior comunicador do Brasil, conseguiria apaziguar a relação com os jornalistas. Trouxe Fábio Faria para o Ministério das Comunicações e... hoje temos todas as redações do Brasil clamando em uma só voz: Fora Bolsonaro!

Em outro flanco da mesma batalha, O Estadão publicou no dia 22 de janeiro de 2021 o Editorial "Pedidos de Impeachment", onde desvencilhou-se de qualquer compromisso para com a história do próprio "Editorial do Estadão" e lançou-se numa guerrilha política escrevendo bobagens do tipo:

> *"[...]o impeachment deveria ser a última coisa a se pensar numa pandemia. Com um vírus mortal circulando pela sociedade, a causar morte e sofrimento e a exigir sérias restrições da atividade social e econômica, não se deveria cogitar de afastar do cargo o presidente da República. Esse raciocínio foi, no entanto, inteiramente invalidado pela conduta de Jair Bolsonaro. Suas ações e omissões na pandemia impuseram à Nação uma nova preocupação, dentro de um quadro que já era bastante desafiador."*

Ora, mas não foi justamente o presidente Jair Bolsonaro quem se adiantou a todos os demais líderes anunciando o tratamento precoce para a COVID-19, o chamado protocolo da Hidroxicloroquina (Cloroquina, Azitromicina e Ivermectina)? Anunciar um protocolo preventivo leva um

Chefe de Estado à urgência de um afastamento, mesmo sendo esse protocolo defendido simultaneamente ao investimento de mais de um bilhão de reais na descoberta de uma vacina?

Para quem não se dobra aos fatos, antes busca construir o amanhã, sim, o Editorial do Estadão fez todo o sentido, afinal o amanhã não tem Bolsonaro à frente da Presidência da República.

O que no século XIX foi anunciado como "o quarto poder", tornou-se rapidamente um Poder de Estado paralelo, manipulando a Política com escândalos reais ou imaginários, todos sempre movidos pelo espírito de construção de *uma sociedade justa, equânime e plural*. E assim, a ideia liberal que nasceu para dar voz ao povo abandonado pelos três poderes da República, hoje é o *De Anima* de um aristotelismo progressista que constrói num *mix* de bem-estar social, ateísmo e marxismo o senso comum de um povo que não tem dinheiro para comprar livros e que é impedido, pela própria imprensa, de ter acesso ao conteúdo jornalístico que hoje se esconde atrás do *paywall*[iv].

Veja, o jornalismo começou buscando a verdade e divulgando-a. Caminhou para a construção "da melhor verdade" e hoje esconde suas informações do [ex-futuro] leitor. Nem em 1984! No romance de George Orwell o Partido espalhava sua informação aos quatro cantos de Oceania, não a escondia.

O jornalismo brasileiro se uniu como nunca em torno da derrubada de um Presidente da República. Nossa história sempre contou com veículos *do golpe* e *contra o golpe*. Hoje a unanimidade mostra que vige no Brasil um cartel de informação, basta ver o Consórcio de Imprensa formado por vários veículos de informação do País, que até ontem eram concorrentes e hoje são parceiros, juntos na luta pela divulgação dos "verdadeiros dados relacionados à pandemia de COVID-19 no Brasil".

O que em nenhuma outra área de produtos e serviços é imaginável, no jornalismo (sim, além de seu papel áureo natural, o jornalismo também é um trabalho como qualquer outro) vê-se atualmente como normal o compartilhamento de matéria-prima e mão de obra. Assim como o ingrediente de um *chef* de cozinha é o tempero, a carne, os grãos... no jornalismo a fonte que culmina em produto para venda é a informação. Há alguma lógica no compartilhamento de informação por parte de um trabalhador do jornalismo? Você consegue imaginar um *chef* de cozinha mandando um motoboy levar seus temperos para um restaurante concorrente, a fim de ajudar outro *chef* a preparar seus pratos antes da hora de abertura da casa?

Pois é isso que ocorre hoje no Brasil, o compartilhamento de matéria-prima assim como de mão de obra uma vez que se naturalizou no Brasil a transferência de profissionais de um jornal para outro, uma rádio para outra, um editor de uma redação para outra. Juntos, misturados pelo bem da verdade.

Quando o melhor amanhã é um amanhã plural, é mister dar as mãos em busca do melhor governo, o governo social. É aí que temos o lançamento de outra moda tupinambá, a união da classe jornalística com a artística, que outrora contou com artistas que queriam fazer rir, tal qual um Mazzaropi, mas hoje constitui-se de atores que choram pela ausência de verba pública para a construção de um futuro cultural. Vejamos o que se tornou a arte no Brasil.

Cultura

A expressão artística em nosso país foi marcada pela influência europeia, o que ao contrário do que podemos encontrar frequentemente em nossos livros de história, não é demérito e sim honra invejada pelos países vizinhos que viam no Brasil "o Império na América Latina". Essa influência foi especialmente acentuada pela Missão Artística Francesa, que em 1816 nos trouxe, na transição do Império para a República, o encontro do brasileiro com sua identidade.

Pela primeira vez de nossa história de [então] três séculos, podíamos olhar para as pinturas de Debret[v] e falar, de si para si, "então esse sou eu!?". Se em obras como "Dom João VI" o brasileiro tinha a oportunidade de admirar a majestade do Rei de Portugal, Brasil e Algarves, em pinturas como "Família de Botocudos em marcha" e "Uma família brasileira no Rio de Janeiro" o admirador visualizava os elementos formadores da mistura brasileira.

Na ocasião da vinda da Missão Francesa, o primeiro jornal impresso do Brasil, *A Gazeta do Rio de Janeiro,* listou no dia 6 de abril de 1816 o rol de ocupantes do navio Americano *Caepe*:

Joaquim Le Breton, Secretário Perpétuo da Classe de Belas-Artes do Instituto Real de França, Cavaleiro da Legião de Honra;

Taunay (Augusto), Pintor, Membro do mesmo Instituto, trazendo sua mulher e 5 filhos.

Taunay (Nicolau Antonio), Escultor, e traz consigo um aprendiz;

Debret, Pintor de História e decoração;

Grandjean de Montigny (Augusto-Henrique-Victor), Arquiteto, traz sua mulher, 4 filhos, 2 discípulos e um criado;

Pradier, Gravador em pintura e miniatura, trazendo sua mulher, uma criança e uma criada;

Ovide, Maquinista, trazendo em sua companhia um Serralheiro com seu filho e um Carpinteiro de Carros;

Neukomm (Sigismund), Compositor de Música, excelente Organista e Pianista, e o mais distinto discípulo de Haydn;

João Batista Level, Empreiteiro de Obras de ferraria;

Nicolao Magloire Enout, Oficial Serralheiro;

Pilet, Curador de peles e Curtidor;

Fabre, o mesmo;

Luís José Roy, Carpinteiro de Carros;

Hypolite Roy, filho do precedente e do mesmo mister.

Tão dileto grupo não vinha para o Brasil senão por tão distinta missão, obra tal que não poderia ser, à exigência da Coroa Portuguesa, entregue a olhos, mãos e ouvidos que não fossem conhecedores do imaginário internacional, afinal o encontro para com a alma brasileira seria seguido pela comunicação à Europa e à América do que aqui a Coroa possuía.

Missão de tamanha grandeza foi aceita e executada habilmente pela ilustre campanha artística. Nicolas-Antoine Taunay, o 1º Barão de Taunay, vinha da Europa após retratar Napoleão no campo de batalha e, no Brasil passou a revelar ao mundo lindas paisagens brasileiras como o "Morro de Santo Antônio, no Rio" e a "Vista do Outeiro, Praia e Igreja da Glória". Seu filho, Félix Émile Taunay, 2º barão de Taunay, foi pintor e diretor da Academia Imperial de Belas Artes. Já Alfredo Maria Adriano d'Escragnolle Taunay, o Visconde de Taunay, foi um escritor, músico, engenheiro militar, historiador, sociólogo e ocupou, em tempos em que os governantes não eram os escolhidos pelo povo e sim os melhores para o cargo, o posto de deputado do estado de Goiás e a presidência da província de Santa Catarina. Sem deixar de registrar que foi o Visconde o autor do clássico romantista conhecido em todo o mundo, Inocência.

Essa classe artística produziu o primeiro esboço do que seria a bandeira do Brasil independente. Debret, com a colaboração de José Bonifácio, representou a Casa de Bragança – família de Dom Pedro I – na cor verde e a Casa de Habsburgo – família de Dona Leopoldina – na cor amarela, em um losango que alcançava os quatro cantos da imensidão verde (diferentemente da nossa bandeira atual, com um losango bem menor).

Estudando a fauna, flora, minerais, culinária, religiosidade e a própria sociedade brasileira, esse grupo de artistas conseguiu construir, até mesmo (e principalmente) para nós mesmos a imagem brasileira. Era o esforço da Coroa em cumprir o que já se avistava como a entrega do Brasil aos brasileiros.

Assim foi desejado, estudado e assim foi feito. Foi entregue pela alta cultura europeia a imagem do Brasil aos intelectuais brasileiros.

Passando pela ciumeira inicial da Academia de Artes, no Rio de Janeiro, que não admitia que os artistas franceses lecionassem ali, nossa história artística tem registrados dois séculos de busca pela identidade perdida (numa clara rejeição da imagem não produzida pelo brasileiro) e por uma análise psicanalítica que busca, até hoje, entender quem de fato nós somos.

Nessa sanha de encontrar o que já foi achado, nossa classe artística se meteu numa antropofagia cultural como identificada no verso de Oswald de Andrade:

Se Deus é a consciência do Universo Incriado, Guaraci é a mãe dos viventes. Jaci é a mãe dos vegetais[vi].

Nada mais se sabia sobre o Brasil. Não se conhecia mais o próprio Deus e nem mesmo o que era comida brasileira ou asiática. Nossos artistas se meteram num festim louco onde devoravam tudo e regurgitavam qualquer coisa, de antemão aceita pois sendo alimento ou vômito, era *nosso*.

Todo esse universo tropicália encontrou no caminho um paradoxal agente potencializador-limitador, o Estado brasileiro. Foi em 1939 que Getúlio Vargas criou um sistema capaz de unir toda a arte brasileira, uma agência estatal capaz de entregar a nossos artistas o elemento que faltava ao seu [auto-aclamado] talento natural, o dinheiro. Público.

Um país onde sempre se acreditou ser o talento superior à disciplina – afinal quem já nasce com samba no pé não precisa aprender a dançar – precisava apenas de "oportunidade", ou como se diz hoje "acesso", para poder brilhar e mostrar ao mundo nossa alegria de forma muito melhor que os engomadinhos da Missão Francesa. Dê dinheiro público ao sambista do morro e veremos quem é Chopin na História da Música.

O Departamento de Imprensa e Propaganda – DIP, diretamente subordinado à Presidência da República, estendeu tentáculos a todos os estados brasileiros por intermédio de órgãos liderados por Lourival Fontes, jornalista e político brasileiro que passou a atuar como o ministro de propaganda de Vargas. Declaradamente simpático ao regime fascista italiano, Lourival direcionou o dinheiro público na aglutinação da classe artística brasileira num complexo esquema de difusão que atuava em seis seções: propaganda, radiodifusão, cinema e teatro, turismo, imprensa e serviços auxiliares. Tal estrutura, um século depois ainda se vê de pé no Brasil, tamanha a fortaleza de sua constituição[vii].

O DIP permeou todas as áreas de produção artística brasileira, em um sistema de censura que não trabalhava apenas impedindo o imaginário discordante, mas também fomentando o concordante. Tal estratégia calava pela mordaça e pelo alto som de músicos como Ary Barroso, Ataulfo Alves, Dorival Caymmi e Nelson Cavaquinho que, todos fiéis ardorosos da "Golden Age Brasil" cantavam e bailavam em conjunto com o povo, que participava de festivais com entrada franca paga com o dinheiro de seus próprios impostos.

O Carnaval se institucionalizou, passou a ser visto como festa de importância internacional, o maior espetáculo da Terra que acontecia enquanto o DIP censurava 373 canções e 108 programas de rádio[viii], isso só no ano de 1942. Na obra "Samba e identidade nacional: Das origens à Era Vargas", o autor Magno Bissoli Siqueira expõe a utilização governamental da Cultura em um governo que não apenas instituiu o Dia da Música Popular Brasileira (3 de janeiro) como se deu ao trabalho de organizar diretamente o Carnaval, incluindo a seleção de sambas-enredo e alegorias como ainda fomentou todo um movimento artístico para a solidificação do samba como o real símbolo da identidade nacional.

Na Hora do Brasil, Getúlio Vargas tornou popular sua voz com discursos rápidos e anunciados diretamente ao povo, sem atravessadores. Com pesados investimentos financeiros, o Presidente fomentou programas de auditório e transformou a Rádio Nacional no teatro do povo, onde sem sair de casa o trabalhador e a dona de casa podiam conhecer uma expressão artística medíocre, anunciada como sendo feita pelos maiores artistas do mundo.

Essa classe artística que desenvolveu a musculatura de um titã à base de dinheiro público injetado na veia por décadas e décadas, hoje se une como nunca (como nunca!) em torno do tema abordado aqui: o impeachment.

O que começou como um movimento "Ele não" na campanha presidencial de 2018, após dois anos de lutas (e algumas vitórias) conseguiu morada na Esplanada dos Ministérios com artistas globais entrando (e saindo) do governo, e comunicadores da grande mídia como Fábio Faria, que sendo sócio do apresentador da Rede Globo, Luciano Huck[ix], hoje é Ministro das Comunicações do Governo Bolsonaro, mesmo tendo sido apoiador declarado de Lula e Dilma Rousseff.

Esses artistas compõem um grupo que ainda não mudou de dieta, vivem todos alimentados com dinheiro público, afinal sua arte não é comprada no mercado pois o brasileiro gosta de samba mas não é otário, na hora de decidir onde gastar sua nota de 50 reais ele não pensa duas vezes, leva pra casa meia-dúzia de itens da cesta básica e deixa na prateleira o DVD do Tom Zé.

Hoje, o grito da fome dos artistas é "Fora, Bolsonaro!", engrossando o coro pelo impeachment do Presidente da República independentemente de ter sido, Ele Sim, eleito por quase 60 milhões de eleitores (em um universo de 110 milhões de eleitores, *fraudes fora*).

Agora, eu me pergunto – e com sua leitura pergunto também a você, caro leitor: como um artista que não convence o público a consumir sua arte, acha que influenciará o público com sua opinião política?

Esse é o mundo artístico atual, que se une não em torno da expressão da alma mas do CNPJ de uma Associação dos Artistas, Sindicato dos Músicos ou uma ONG de Artes Plásticas e Visuais. Todas essas empresas aqui listadas não são fruto de uma pretensa imaginação artística minha, são pessoas jurídicas reais que, como nos alerta Milton Friedman[x], tem como único objetivo evitar o crescimento de sua *categoria* e buscar maior lucro para seus membros (leia-se sindicalizados mensalistas).

Na compreensão do processo de construção do verso, o poeta goiano Gilberto Mendonça Teles[xi], esse um *um que busca compreender*, registrou

> O amor põe suas mágicas
> em funcionamento.
> O amor compõe, propõe, supõe,
> indispõe e interpõe,
> sua adaga entre o ser
> e o vazio do vício
> (a ser-viço do amor).[xii]

E é seguindo o ser-viço do autor goiano que, como numa lei, a classe artística atual serve à sua paixão inata, o dinheiro público. Tudo o que é produzido no exercício artístico brasileiro hoje é motivado pela busca de verba pública. Lei Rouanet, Lei Aldir Blanc, FACs e Editais de Cultura de Secretarias de Cultura nos estados e municípios... se poetas como Hilda Hilst, Mário Quintana e Manoel de Barros buscavam a [re]união da criatura ao Criador (naturalmente em Manoel ou profanamente em Hilda), o que vemos como sumo espremido de toda a arte brasileira atual é a sede por dinheiro, e ainda sob o pretexto de que é preciso dinheiro para se produzir arte gratuita e de qualidade. É a lógica da mentalidade socialista "de graça, só pagando".

Esse grupo, porém, forma em um "país em desenvolvimento" a *intelligentsia*[xiii]. Pois é, não adianta culpar o autor aqui, é o que temos para hoje. Após o governo militar permitir que por 20 anos nossas universidades se transformassem em *plantations* de maconha e o governo Lula trabalhar com a ONU em projetos de distribuição de cachimbos descartáveis[xiv] para usuários de *crack*, não dá pra exigir o espírito de Elias no corpo de um poeta em Osasco.

Desse grupo sai o alimento da classe jornalística, e é esse grupo que anima os coquetéis da classe política, veja que engraçado temos aqui uma ciranda. Todos de mãos dadas girando enquanto o povo bate palma.

Essa decomposição da capacidade artística nos traz a um país que não pensa, e quando pensa, pensa mal. Assim como a renascença italiana fez florescer na Itália um tempo de desenvolvimento tal que, Alemanha, França e demais vizinhos se viram obrigados a voltar também aos gregos e romanos para, queiram os deuses, avançar também como se fazia em Florença, em nosso País o patrimonialismo na arte, seguido pela Tropicália e o Projac marcaram, de forma permanente(?), um tempo em que não se cogita o trabalhar para o ganhar, antes o ganhar para trabalhar.

E foi assim que chegamos ao ano de 2018, com todos os artistas como que pintinhos no ninho com o bico aberto à espera da mamãe depositar seus vermezinhos matinais; todos os artistas brasileiros se uniram em coro pelo "Ele não!". Perderam e dois anos depois se uniram pelo "Fora, Bolsonaro!". Ambos os gritos são irmãos gêmeos do grito não anunciado em alta voz, "Volta, Rouanet". Saudades eternas do tempo em que as prefeituras contratavam circos caindo aos pedaços (às vezes caindo mesmo)[xv] e pagavam com notas frias *powered by* Lei Rouanet. Tempos em que cantoras de voz grave, um banquinho e um violão faziam shows gratuitos na Vila Madalena, pagos com financiamento da Petrobras e abatidos também via Lei Rouanet.

E é nessa pendenga que vemos um momento que poderia ser épico se transformar num pastelão inglês. Chegamos ao Editorial do Estadão pedindo o impeachment de Jair Bolsonaro.

Capítulo 1

O sistema eleitoral brasileiro

Nesta parte o objetivo não é detalhar os fatos históricos (ao menos não aqueles que já foram longamente analisados por diversos autores) até mesmo porque o objetivo desta publicação não é o de ser um livro de História do Brasil. Farei portanto uma abordagem superficial dos pontos históricos, que se aprofunda apenas à medida necessária para preparação da abordagem conceitual que, esta sim, é a motivação prima deste trabalho.

Que o leitor tenha daqui em diante uma explanação que o ajude a entender como o Brasil chegou à essa situação de penúria espiritual e intelectual.

Código Eleitoral Brasileiro

O primeiro Código Eleitoral Brasileiro data de 1932

A eleição de 1929, que culminou no fim da "política do café com leite" foi um marco na questão eleitoral brasileira uma vez que, levando ao golpe de 1930 (colocando Vargas no poder e depondo o presidente eleito Carlos Prestes) evidenciou a toda a população brasileira o quão frágil era o esquema político de eleição presidencial, um modelo não apenas de eleição indireta sob o ponto de vista da população potencialmente votante, como até mesmo de eleição indireta dentro do próprio sistema político pois o revezamento presidencial "café com leite" tinha a tradição de eleger um presidente mineiro após um presidente paulista, esquema que foi quebrado por Washington Luíz quando indicou outro paulista à presidência (Prestes).

Na eleição de 1 março de 1930 Prestes foi eleito e, a posse, como de costume, aconteceria no dia 15 de novembro do mesmo ano, porém ainda no dia 1 de novembro a junta militar passou o poder a Vargas, após uma longa revolução conhecida como a Revolução de 1930. Chegava ao fim a república-velha.

Vargas foi um personagem que sempre mostrou ser guiado por uma ideologia determinada, desconsiderando a análise a respeito da legitimidade de seu primeiro governo – nascido de um golpe – os ideais marcaram a execução de seus mais importantes atos políticos.

Em seu famoso diário, suas primeiras anotações feitas minutos antes do início da Revolução foram:

"Quatro e meia. A hora se aproxima. Examino-me e sinto-me com o espírito tranquilo de quem joga um lance decisivo porque não encontrou outra saída. A minha vida não me interessa e sim a responsabilidade de um ato que decide o destino da coletividade." – Getúlio Vargas

Interessante observar que, triste marca da Democracia brasileira (como veremos por várias vezes), os lampejos de Democracia no Brasil são por demais breves e, quando nasce uma medida popular fica a impressão de que junto com esse nascimento começa a se chocar o ovo da serpente, que não tarda a eclodir e devorar o que anunciava ser uma evolução democrática a nascer. O mesmo Vargas que, dois anos após sua posse possibilitou a compilação de um primeiro sistema de Justiça Eleitoral no Brasil iniciou também, em novembro de 1937, o Estado Novo e findou por extinguir a Justiça Eleitoral, abolir os partidos políticos e suspender as eleições livres passando a governar por Decreto.

O fato de, em 1930, o Brasil ter saído de um golpe, motivou a criação de uma Justiça Eleitoral que levasse ao povo maior participação na escolha de seus representantes, porém, nada surpreendente, a redação do primeiro Código Eleitoral trazia muitos dos problemas que culminavam nessa falta de representatividade. Exemplo mais claro, e mais rápido de se encontrar no novo Código, era a exclusão dos mendigos e analfabetos como cidadãos aptos ao voto. Logo no Art. 4º estava escrito:

Não podem alistar-se eleitores:
a) os mendigos;
b) os analfabetos;

DECRETO Nº 21.076, DE 24 DE FEVEREIRO DE 1932

Além das posturas que, com o tempo, o próprio amadurecimento democrático mostrou serem nada mais que preconceitos, problemas maiores eram registrados naquele Decreto e que viriam a contribuir para a construção de uma consciência social tolhida de uma melhor compreensão do direito de expressão e atuação política da sociedade. Se hoje, quase um século após o primeiro Código Eleitoral, o brasileiro ainda vê o momento da votação como um momento de cumprimento de obrigação legal, não o faz por ignorância aprendida, mas sim por cultura natural de um povo que, desde sua entrada no processo eleitoral, foi tratado como 'cidadão devedor do voto' ao invés de 'cidadão digno de votar'.

A Constituição de 1988 manteve o conceito de Estado tutor da consciência do cidadão redigida no primeiro Código Eleitoral. Se naquele primeiro documento constava:

TÍTULO IV. Art. 119. O cidadão alistavelxvi, um ano depois de completar maioridade ou um ano depois de entrar em vigor este Codigo, deverá apresentar seu titulo de eleitor para poder efetuar os seguintes átos:

a)   desempenhar ou continuar desempenhando funções ou empregos publicos, ou profissões para as quais se exija a nacionalidade brasileira;

No texto de 1988 lê-se:

CAPÍTULO IV. § 1º O alistamento eleitoral e o voto são:

I - obrigatórios para os maiores de dezoito anos;

Ao cidadão, desde o início da abertura democrática, coube o papel obrigatório de atender ao chamamento à cidadania, sendo que jamais foi convidado a se envolver no processo eleitoral. O voto nasceu não como um direito, mas sim como um dever e, em caso de desobediência, as penalidades sempre ficaram bem claras.

O código eleitoral de 1932 trouxe algumas curiosidades como a menção a partidos políticos (ainda que fosse praticada a candidatura avulsa), a criação dos Tribunais Regionais Eleitorais – TREs (distribuídos em um para cada unidade da federação *cf.* Art. 5º) e até mesmo a primeira menção às "máquinas de votação" (art. 57), que apenas nos anos 90 viriam a se tornar realidade com a criação das Urnas Eletrônicas.

Cidadania brasileira na primeira metade do séc. XX

Se a Lei Saraiva (1881) definia como eleitor:

> *"[...]todo cidadão brazileiro que tiver renda liquida annual não inferior a 200$ por bens de raiz, industria, commercio ou emprego." – Art. 2º*

O Código Eleitoral (1932) definia que:

> *"O cidadão alistavel, um ano depois de completar maioridade ou um ano depois de entrar em vigor este Codigo, deverá apresentar seu titulo de eleitor para poder efetuar os seguintes átos:*
>
> *b) provar identidade em todos os casos exigidos por lei, decretos ou regulamentos." – Art. 119*

Tanto a filtragem entre cidadãos capazes de contribuir com as escolhas políticas quanto a obrigatoriedade de o cidadão fazer escolhas políticas reflete a forma de pensar do estado brasileiro. Se no primeiro momento o Estado via parte da população como incapaz de fazer escolhas corretas (*"[...]tiver renda liquida annual não inferior a 200$"*) em outro pressionava o cidadão para que ele não deixasse de exercer sua escolha sob pena de ter sua rotina de vida atribulada (*"[...]deverá apresentar seu titulo de eleitor para provar identidade em todos os casos exigidos por lei"*).

Grandes obras clássicas brasileiras trataram da questão da desigualdade social e da incapacidade do pleno exercício da democracia por parte da população pobre brasileira. Autores como Gilberto Freyre, Caio Prado Jr., Machado de Assis e Guimarães Rosa nos ajudaram a entender a dificuldade que o brasileiro enfrentou, desde a entrega da República pela Corte Portuguesa ao brasileiro, para conseguir exercer, de fato, o poder que outrora era exercido pela Coroa.

Opinar, decidir, votar, reclamar, legislar e afastar eleitos são verbos que, até os dias de hoje ainda não nos são fáceis de expressar. Se por três séculos vivemos em um país escravista, nos dois últimos séculos vivemos em um país onde os líderes políticos veem a população comum como incapaz de entender 'a verdade' sobre tomada de decisões e exercício de poder.

O Código Eleitoral de 1932 fez grandes transformações como, por exemplo, trazer as mulheres à cabine de votação, porém se mudanças foram feitas de cima para baixo – com o Estado alterando a sociedade – poucas mudanças foram feitas de baixo para cima – com o Estado se abrindo à interferência popular.

No breve intervalo de cinco anos que o Brasil teve para usufruir dos ganhos democráticos (1932-1937) a população não teve a oportunidade de participar de nenhuma eleição presidencial, com o título de eleitor no bolso a população brasileira teve de assistir, na eleição de 1934, os deputados reconduzirem Vargas à presidência da República de forma indireta. O consolo à ocasião foi a promessa de realização de uma nova eleição, em 1938, com direito ao voto direto para presidente, porém essa eleição nunca veio a acontecer devido ao golpe de 1937 que implantou o Estado Novo e renovou o mandato de Getúlio.

O povo só voltaria a escolher diretamente seu representante maior em 2 de dezembro de 1945, ocasião em que 3.251.507 brasileiros escolheram Eurico Gaspar Dutra como presidente do Brasil.

Direito no bolso e incapacidade de exercê-lo faz parte do modo de vida do brasileiro até os dias de hoje, em que direitos constitucionais são descumpridos ainda que tenhamos o pleno funcionamento do guardião supremo da Constituição, o Supremo Tribunal Federal, que assiste o descumprimento de artigos como o que determina ser o salário mínimo *"[...]capaz de atender a suas necessidades vitais básicas e às de sua família com moradia, alimentação, educação, saúde, lazer, vestuário, higiene..." – Art. 7º, IV)*.

Mudanças até o 5º Código (1965)

Do primeiro Código Eleitoral (1932) até o último (1965) algumas importantes alterações foram realizadas, porém nenhuma que trouxesse ganho relevante para o cidadão. A mudança mais significativa foi a entrada das mulheres no processo eleitoral, e isso aconteceu logo no primeiro código. Daí para frente as principais mudanças foram: a) voto obrigatório para mulheres que exercessem atividade remunerada (2º Código Eleitoral – 1935); b) especificações sobre a propaganda partidária (4º Código Eleitoral – 1946); e c) voto para brasileiros no exterior e utilização de distritos para eleições proporcionais (5º Código Eleitoral – 1965).

A Democracia e o processo eleitoral

Democracia s.f

1. Governo em que o povo exerce a soberania. 2. Sistema político em que os cidadãos elegem os seus dirigentes por meio de eleições periódicas.

A Democracia brasileira veio a conta-gotas. Quando da promulgação da Constituição Brasileira de 1891, após cerca de um ano de muitas negociações e consultas à Constituição da República Argentina, à Constituição dos Estados Unidos da América e à Constituição Federal da Suíça, os autores de nossa primeira Constituição (sendo Prudente de Morais e Ruy Barbosa os de maior destaque) concluíram que ainda não era o momento de adotar os mesmos ideais liberais democráticos que os demais países americanos, adotou-se então, no Brasil, o modelo denominado Federalismo.

Essa forma de governo caracteriza-se por um Estado composto de diversas entidades territoriais autônomas e, no Brasil, caiu como uma luva à época da redação da Carta pois a principal preocupação dos redatores do novo documento era manter a população brasileira ainda subordinada às oligarquias regionais. Vimos, desde aquela época, a pressão de setores da sociedade agindo junto ao Legislativo para evitar que toda a população fosse beneficiada.

As oligarquias latifundiárias do final do séc. XIX sabiam que se a população brasileira recebesse "de uma só vez" o poder de "exercer a soberania", mudanças radicais na vida nacional teriam início. É preciso lembrar que até mesmo a forma mais abjeta de domínio, a escravidão, ainda fazia parte do dia a dia da nação à época pois, apesar de ter sido abolida pela Lei Áurea em maio de 1888, a escravidão não foi alvo de nenhum modelo de reinserção do ex-escravo na sociedade. O negro que, desde quando estava no navio a caminho do Brasil, já era escravo, não tinha sequer noção de como participar da sociedade brasileira de forma livre[xvii]. Da mesma forma o escravo nascido em solo brasileiro era socialmente deslocado (lembrando que apenas a partir de 1871, com a Lei do Ventre Livre, os filhos dos escravos eram considerados livres ao nascer em solo brasileiro).

Essa característica da política brasileira de fazer reformas de forma lenta e gradativa é uma marca nacional. Se antes de ser abolida em 1888 a escravidão passou pela Lei Eusébio de Queirós em 1850 (que combatia o tráfico de escravos punindo os traficantes); a Lei do Ventre Livre em 1871 (que declarava livre os filhos de escravos nascidos a partir daquele ano); e pela Lei dos Sexagenários em 1885 (que concedia liberdade aos maiores de 60 anos), a democracia como "poder eleitoral" também foi entregue à população de forma bastante gradual passando por restrições como "mulheres não podem votar", "analfabetos não podem votar", "apenas brasileiros com posse e bens podem votar", "eleições indiretas"... até chegar no primeiro Código Eleitoral de 1932 que foi um marco na entrega do poder eleitoral ao cidadão brasileiro.

Eleições Brasileiras (desde 1932)

As Eleições presidenciais brasileiras nos mostram um claro retrato do lento desenvolvimento de nossa democracia e oferecem um excelente método de análise do progresso da sociedade que, em países de democracia fragilizada, tem na eleição presidencial o momento máximo de expressão democrática da população.

Em 1934 o Brasil elegeu indiretamente o presidente da república. Getúlio Vargas foi eleito pelos deputados na Assembleia Nacional Constituinte e governou, sem solicitar a chancela popular, até o ano de 1945 quando, em 2 de dezembro, a população brasileira elegeu de forma direta e secreta, o presidente da República (Gaspar Dutra).

Em seguida o Brasil compareceu às urnas em 1950, 55 e 60 para eleger o presidente pelo voto direto, porém enfrentou um novo rompimento democrático com o golpe de 64[xviii] – que deu início ao governo militar, o qual só chegou ao fim em 1985.

Considerando enfim todo o intervalo temporal entre 1932 e 1984, podemos fazer uma linha do tempo de 52 anos que contaram com apenas 10 eleições presidenciais, sendo que dessa dezena apenas quatro foram realizadas pelo voto direto. Considerando ainda que, desses 52 anos o Brasil esteve por 15 anos sob o governo antidemocrático de Getúlio Vargas e por 20 anos sob regime militar, constatamos que entre a criação do 1º Código Eleitoral Brasileiro e a Redemocratização, o Brasil teve apenas 17 anos de vida eleitoral democrática.

A proibição do debate eleitoral (Lei Falcão – Lei nº 6.339/76)

Geisel governou o Brasil de 1974 a 1979 e foi o presidente do governo militar que direcionou o país para a saída do governo militar e, consequentemente, a devolução do poder aos civis. Esse período foi muito bem narrado pelo jornalista Elio Gaspari em sua série de livros sobre a Ditadura intitulada "O Sacerdote e o Feiticeiro".

Um dos diversos episódios históricos do governo Geisel que merecem destaque e, particularmente nesta publicação, precisa ser comentado foi a criação da Lei Falcão. Esse episódio pode ser visto de duas formas, uma é aquela mais aceita (e mais lógica) e outra é uma visão pouco discutida, porém fácil de ser "imaginada" quando se dedica um pouco mais de tempo para o estudo do governo Geisel.

Ernesto Geisel foi candidato pelo Arena e venceu com uma vitória significativa sobre o candidato do MDB, Ulysses Guimarães. É preciso registrar que a vitória do representante militar, em menos de dois anos, deixou clara ao presidente que o país não suportava mais o modelo de governo onde a população não decidia quem deveria ser seu representante máximo. O cenário nas ruas do país era de clamor por liberdade de diálogo político e críticas ao modelo de bipartidarismo onde o lado da oposição não tinha participação real no governo, figurando apenas para dar 'ares de democracia' ao país que era regido há 10 anos por presidentes militares.

Se a história registrada é a de que Geisel teve como marca de governo o embate com a linha-dura do Exército em prol da devolução do poder aos civis, a história registrou também que foi com a intenção de impedir o debate político que, sob o governo desse presidente, se aprovou a Lei nº 6.339/76 de autoria do Ministro da Justiça Armando Falcão.

A Lei Falcão tinha como teor a revogação do Art. 250 do Código Eleitoral (1965) que dispunha sobre a propaganda eleitoral e trazia um novo texto em que a) candidatos de quaisquer partidos deveriam anunciar em suas propaganda apenas um breve relato de sua trajetória em formato de mini currículo; b) ficava vetada a veiculação de músicas de campanha com letra; c) imagens de campanha estavam proibidas com exceção da foto do candidato (que deveria vir acompanhada de seu nome e partido); e d) alterava o tempo de mandato presidencial, passando de cinco para seis anos.

Na prática diária o resultado dessa lei era a aniquilação da propaganda política pois, restando ao candidato anunciar apenas seu currículo ficava vetado o anúncio de seus feitos políticos, suas realizações em governos estaduais ou municipais. Morria ali o maior prazer de um típico político, exaltar seus próprios feitos (não raro até mesmo aqueles que não eram propriamente seus). No mesmo bojo se estabelecia o fim da ferramenta de marketing de maior penetração junto ao eleitorado que era a das músicas de campanha, tocadas à exaustão em carros de som em tempos de campanha e utilizadas como pano de fundo durante os discursos de campanha nos comícios Brasil afora. Se em 1955 Juscelino fazia campanha ao som do *jingle* – nada modesto – intitulado "Marcha do Jota-Jota":

"Aparece como estrela radiosa
neste céu azul de anil

Em 1960 Jânio Quadros eternizou sua "Varre, varre, vassourinha":

Como os candidatos das Forças Armadas não necessitavam de ganhar o voto da população, pouco importava a utilização de ferramentas de marketing para convencer o eleitorado e, assim, a Lei Falcão trazia empecilhos apenas ao MDB que, na tentativa de tirar os militares do poder precisava convencer a população de suas ideias.

Em nosso estudo sobre a democracia brasileira chegamos então ao presidente militar que deu início à abertura de diálogo dentro do próprio Exército mas, ao mesmo tempo, combatia o possível crescimento rápido e potente do poder político civil representando então no único partido de oposição aos militares, o MDB de Ulysses Guimarães.

Mais uma vez o brasileiro viu a democracia chegar de forma pitoresca, contraditória até pois parte dos militares (representados por Geisel) queria fazer uma transição lenta e gradual de poder, e outra parte (representada pelo Ministro do próprio Geisel, Sylvio Frota) queria renovar o governo militar e adiar, para cada vez mais longe, a devolução do poder ao povo. Foi nesse embate travado dentro do próprio governo que a população chegou às eleições de 78 onde o General Figueiredo foi vencedor em mais uma votação indireta e governou, de acordo com as mudanças da Lei Falcão, por seis anos.

Essa é a forma como o episódio da criação da Lei Falcão entrou para a história, porém podemos olhar por outro lado, o lado de quem estava no poder à época: o exército representado por Geisel.

Embora Geisel tenha usado dos recursos do AI-5 e tenha sido um dos mais autoritários de todos os governantes militares, foi também responsável pelo processo de abertura do diálogo para com a classe política, razão de seus embates dentro do próprio Exército. Essa vontade de iniciar um processo de transição, ainda que lento e gradual, era bem coerente com a defesa que o governo fazia da Lei Falcão. Uma vez que a Lei proibia o uso da propaganda política "desregulada" e criava padrões de utilização iguais para todos os partidos (Arena e MDB, à época) se alcançava algo que ainda hoje é o desejo popular: um processo eleitoral justo e de conteúdo.

O debate no Senado foi intenso, até a aprovação da lei (em julho de 1976):

"Pretendendo eliminar a discriminação, não o fez, introduzindo outra de maior gravidade." – disse o Senador Franco Montoro (MDB-SP) pelo lado dos que viam na Lei uma censura ao MDB.

"A lei não proíbe que o programa partidário possa ser discutido. O que foi eliminado é a propaganda política, os assuntos correlacionados à propaganda de cada candidato". Jarbas Passarinho (Arena-PA), em defesa de que o objetivo da lei era nivelar o debate político.

Não é preciso contorcionismo nenhum para entender a Lei Falcão como um texto que poderia melhorar o nível do debate político no Brasil, se esse foi "o verdadeiro objetivo" de seus autores é uma outra discussão que, essa sim, pode ficar apenas no campo da "análise dos fatos" por parte de quem relê a história. No entanto os benefícios reais que a medida poderia trazer à sociedade são fáceis de enxergar, até mesmo porque ainda hoje pedimos por medidas desse caráter. É comum vermos em nossa sociedade os clamores pelo fim do financiamento público de campanha, fim da doação empresarial (conquista recente), fim do horário eleitoral gratuito, o retorno da cláusula de barreira (declarada inconstitucional pelo STF) e tantos outros pontos que são vistos pela sociedade como benéficos à conquista de uma disputa política mais justa, onde a máquina eleitoral não seja utilizada por quem já está no poder e onde o eleitor possa votar no plano de governo, e não no candidato com maior poder de marketing.

Esse desejo popular genuíno via na Lei Falcão uma esperança de melhora no sistema eleitoral. A eleição presidencial anterior à criação da Lei foi uma fonte de inspiração popular à busca de maior democracia eleitoral uma vez que o governo militar permitiu a participação da oposição na disputa, e o candidato da oposição, apesar de ter sido derrotado, conseguiu alcançar um número expressivo de votos no sistema indireto (76 votos para Ulysses Guimarães, contra 400 votos dados ao vencedor Geisel).

Essa população vinha com sede por evolução democrática no processo eleitoral e a Lei Falcão foi apresentada como um aperfeiçoamento que permitiria maior equilíbrio na disputa eleitoral. Não aconteceu, pelo contrário o horário político perdeu o pouco que tinha de "político" e se transformou em mera apresentação de uma ficha técnica dos candidatos. A abertura prometida por Geisel se mostrava mais uma ocasião em que a democracia vinha a conta-gotas para o brasileiro. A Lei Falcão foi seguida pelo Pacote de Abril (ocasião em que Geisel, em meio às dificuldades de lidar com a oposição dentro do Congresso, colocou a Casa em recesso por duas semanas e fez as mudanças que queria por decreto) e pela criação dos chamados "Senadores Biônicos", medida que dava a cada estado o direito de ter uma vaga de Senador preenchida de forma indireta, pelos próprios congressistas. Assim o Arena pretendia restringir o espaço a ser ganho pelo MDB nas próximas eleições.

A Sociedade e a Redemocratização em 1979

"O importante é que todos compreendam que a democracia não é sinônimo de propostas sem compromisso com a realidade. Mas o regime em que a contrapartida da liberdade é a responsabilidade e a participação" – Conclusão de reunião ministerial no governo Figueiredo, realizada em Brasília no dia 19 de março de 1979.

Os registros históricos dos anos 70 e 80 são, em sua maioria, focados no cenário político. É muito fácil encontrar em qualquer biblioteca diferentes relatos sobre o governo Médici, sobre os embates de Geisel com a linha-dura do Exército, sobre as declarações impróprias de Figueiredo assim como é muito fácil encontrar todo e qualquer posicionamento das Forças Armadas sobre o período do Governo Militar (encontra-se inclusive, sem muito esforço, diversas teorias da conspiração sobre as principais decisões tomadas à época).

Constatei porém a realidade de algo que já desconfiava porém só pude comprovar após longa pesquisa: há uma carência enorme de registros da perspectiva da população brasileira nesse período.

O que preocupava o cidadão comum? Quais eram os temores e anseios da população das cidades brasileiras durante o governo militar? Quais eram as demandas geradas pela população?

Para encontrar essas respostas tive de recorrer aos arquivos digitais dos jornais da época (principalmente o Estado de São Paulo e a Folha de São

Paulo) e buscar as matérias que tratavam de temas do cotidiano da sociedade brasileira. Encontrei farto material nas colunas de participação popular onde os jornais abriam espaço para publicar as cartas dos leitores ao melhor estilo "boca no trombone!".

Inúmeras cartas me mostraram a realidade popular daquela época e mereciam ser reproduzidas aqui, mas ao final das pesquisas já eram tantas que seria necessário dedicar um capítulo inteiro a elas. Ao invés disso trago algumas que conseguem sintetizar o sentimento comum que encontrei em sua maioria: o desespero diante da inflação.

O novo inimigo público

A inflação foi um personagem trazido à cena por diversos fatores econômicos e políticos no governo militar. Essa discussão é excelente e a ela se dedicaram diversos autores como Raul Veloso, Bresser Pereira, Celso Ming e tantos outros que viveram a época e puderam ver esse dragão chamado inflação crescer até se transformar no monstro da hiperinflação e, após mudanças de moeda e planos de contenção da inflação, ser derrotado com a estabilização da moeda no Plano Real. Descansado sobre a obra desses autores pouparei o leitor de mais uma análise sobre o tema, me restringindo unicamente a analisar os aspectos em que a inflação se relaciona com a manifestação da população para com a democracia no Brasil.

No dia 31 de março de 1979, em comemoração aos 15 anos da Revolução de 1964, os Ministros do Exército, Aeronáutica e Marinha fizeram um alerta dirigido aos jovens em declarada preocupação para com "a desinformação das novas gerações que não se recordam do clima de desagregação política, econômica e social que reinava à época da eclosão do Movimento". Os militares tinham uma preocupação genuína com relação à consciência da população acerca dos motivos que os levaram ao poder.

O Brasil de 1964 era um país extremamente desestruturado politicamente, o cenário em Brasília era de desolação. Jânio havia renunciado em 61 e deixado João Goulart em uma situação complicadíssima pois, estando em viagem à China, não pôde assumir a cadeira e, assim, os ministros militares de Jango (como era conhecido) formaram uma junta militar que tentou impedir seu retorno e consequente posse. Esse episódio criou uma grave crise político-militar no país, crise essa que cresceu e tomou proporções quase catastróficas pois era o motivo que muitos procuravam para chegar ao poder, foi a ocasião para que atores à espreita tomassem a linha de frente. Dentre esses atores os principais foram Leonel Brizola (apoiado até mesmo por militares, como o comandante do III Exército) e os militares que entendiam ser as Forças Armadas a única instituição capaz de recolocar o país em Ordem (os próprios ministros militares de Jânio se intitulavam o Comando Supremo da Revolução).

A solução encontrada para o imbróglio que se formou com a renúncia de Jânio Quadros foi a instauração do parlamentarismo – puramente por conveniência conjuntural – condição que concedeu a João Goulart a "permissão" para assumir o cargo que lhe era por direito.

Foi nesse cenário de total **desagregação política**, onde a população não via sequer poeira do que um dia já tinha sido o processo eleitoral democrático conquistado no Código de 1932, que o brasileiro comum viu a chegada do governo militar como uma mudança promissora, desde o início anunciada como provisória "apenas até o Brasil voltar aos trilhos".

Como já visto outras vezes nessa publicação, mudanças e reformas democráticas ansiadas pela população aconteceram justamente no pior momento possível, e totalmente desprovidas de qualquer motivação democrática, vindo a acontecer puramente para que tudo continuasse como já estava. Se o Brasil havia acabado de assistir um suicídio (Vargas) e uma renúncia (Jânio), permeados por cada vez mais corriqueiros episódios de corrupção, o parlamentarismo vinha apenas para que o *status quo* definisse o que aconteceria na próxima eleição presidencial marcada para 1964.

Simultaneamente o Brasil vivia a **desagregação econômica** causada pela inflação galopante que saiu de 7% a.a em 1958 para 80% a.a em 1963. O país conheceu o ápice do dogmatismo monetário, que culminaria nos anos 70 em um desespero por parte dos analistas financeiros e jornalistas que cobriam economia em denunciar, diariamente, a sujeição da equipe econômica à teoria acadêmica em detrimento do bem-estar social. Os problemas comuns advindos da inflação e crise fiscal se entranhavam na sociedade em forma de deterioração do poder de compra, levando a população a ver nascer o desejo de "algo novo".

Terceiro argumento dos Ministros do Exército aos jovens naquele 31 de março de 79: a tomada do poder em 64 se deu pelo clamor popular pelo fim da **desagregação social**.

O cenário social não era sequer agradável. No campo, o panorama era tomado pelo surgimento das Ligas Camponesas que, encontrando um Nordeste sedento e à beira da morte, convencia os pequenos agricultores e não-proprietários a lutar contra a tentativa de expulsão das terras onde trabalhavam. Conflitos armados entre camponeses e proprietários de terras na zona rural se tornaram constantes e, nas cidades, as notícias que chegavam eram sempre de mau-agouro levando à conclusão: "bom fim não terá". Combates entre grupos de trabalhadores (já cansados de enfrentar o invencível gigante econômico) e a polícia, chocavam a sociedade em episódios como o Massacre de Ipatinga, onde, em 7 de outubro de 1963 oito pessoas morreram e 79 ficaram feridas após confronto entre um grupo de trabalhadores da Usiminas, no distrito de Ipatinga-MG, e a força policial que era responsável pela revista diária dos trabalhadores na entrada e na saída do local de trabalho.

Conflitos entre trabalhadores e policiais, conflitos armados no campo e violência descontrolada nos grandes centros urbanos tiravam a paz da população já esgotada com a luta contra a desvalorização do salário. As máquinas de remarcação de preço eram implacáveis e uma solução tinha que vir de algum lugar.

A reta final da corrida militar

Em março de 1979 a Folha de São Paulo começou a publicação de um Especial onde esmiuçava o Movimento de 1964, escreveu a jornalista Ana Lagoa "Revolução ou contra-revolução, um simples golpe ou o coroamento de décadas de conspiração militar, o Movimento de 31 de Março de 1964, objeto de conferências, palestras, livros e reportagens, ainda não foi definido historicamente."

Neste mesmo Especial o jornal divulgou a análise de um oficial-general (sem citar seu nome) sobre a situação da população diante de 15 anos passados de tentativa de Revolução, disse ele:

> *"Não há dúvidas de que a Revolução conseguiu alguns resultados materiais para o País como um todo, mas a custa de demasiados sacrifícios, seja no campo social, seja no campo político. Mas o fato é que ela esgotou-se em si mesma e não há como se falar mais, hoje, em Revolução.*
>
> *A Nação já se mostra impaciente. O povo descobriu que está sendo enganado. O regime de sacrifícios imposto pela Revolução, admissível por tempo limitado, já se prolonga demasiadamente. A realidade é que a Nação está se sacrificando para o aproveitamento de uma minoria. Será isto justo?"*

A atenção social no fim dos anos 70 estava dominada pela inflação, uma praga que devorava os salários e corroía a riqueza do pobre – que via seu salário não ter poder de compra algum no mercadinho do bairro – e da classe média também, que via seus rendimentos (como aluguel de imóveis) serem consumidos pelos reajustes constantes de impostos como o IPTU.

Ciente de que a inflação era o inimigo público nº 1, o presidente Figueiredo se reuniu com os ministros na primeira semana de governo e anunciou que *"o combate à inflação é incompatível com reajustes salariais muito acima dos aumentos do custo de vida"* e que o combate à inflação era uma diretriz prioritária de seu governo e fez um apelo à austeridade.

Porém, apesar do anúncio de que o governo declarava guerra à inflação, foi justamente no último governo militar brasileiro que o país viu o índice de inflação sair de 40% a.a para cerca de 240% a.a.

Porém nem mesmo esse caos generalizado foi suficiente para fazer com que os militares largassem de vez o poder e devolvessem o Brasil aos brasileiros, nos últimos meses de governo Figueiredo o Exército procurava a construção de um candidato que viesse a fazer a transição – iniciada em Geisel – do governo militar para o civil e, foi assim que encontraram no candidato do PDS (sucessor da ARENA), a única esperança de barrar a vitória da oposição personificada em Tancredo Neves: apoiar Paulo Maluf.

"Quero que me esqueçam"

Foi com essa frase que o General Figueiredo se despediu da Presidência da República e concluiu a arrastada transição do poder para os civis.

Lideranças do PMDB e do PT, como FHC, Lula, Tancredo Neves e artistas como Chico Buarque, Maria Bethânia e Fafá de Belém, vinham de uma série de protestos de rua todos pensados e organizados por intelectuais que, durante todo o governo militar, tiveram plena liberdade para planejar a transição do poder político não de militares para civis, mas de república para ditadura proletária[xix]. Os militares viam que a devolução do poder aos civis poderia não acontecer da forma imaginada por Geisel.

Foi como reação a essa constatação das ruas que a tropa de choque dos generais no Congresso entrou em cena, sacando uma Emenda Parlamentar que evitasse a tomada da Presidência por Ulisses Guimarães, que à essa altura já era visto por todo o Brasil como imbatível em uma eleição direita para Presidente da República.

Na madrugada de 26 de abril de 1984, com a Capital Federal sitiada e o eixo monumental ocupado pelas tropas do Comando Militar do Planalto (6 mil homens), o Congresso Nacional aprovou, com a ausência de 113 deputados, a Emenda Dante de Oliveira, anulando qualquer chance de uma tomada do Palácio do Planalto pelos comunistas.

Com o caminho preparado pelos generais, era hora de definir as cartas para a transição, mais uma vez sem a participação do povo nas urnas. Ponto decisivo nesse jogo é que no baralho jogado na caserna dos anos 80, Tancredo Neves era o coringa.

Bem relacionado entre militares e políticos, e pronto para lutar em qualquer cenário (eleição direta ou indireta), o ex-deputado do PSD[xx] e então líder do PMDB, Tancredo fechou um acordo com a base governista em Brasília e rachou o PDS (Partido Democrático Social), dando origem ao PFL, partido que nascia com a missão (dada por si e para si) de ser o partido conservador propício a fazer o governo militar sem vestir farda e sim um terno azul-marinho. Com a postura adesista clássica da política brasileira, Tancredo se aliou aos militares, ao PMDB, ao PDT e até mesmo com os comunistas do PCB, formando a Aliança Democrática[xxi]. O fim dessa jornada seria a vitória nas urnas indiretas do Congresso, contando com uma chapa de tamanha abrangência que acabaria recebendo até mesmo votos de petistas.

Capítulo 2

Um reino, independente

A grande novidade do movimento da Independência do Brasil, que o tornou radicalmente distinto e singular na América uniformemente republicana, consistiu no fato de já ser o Brasil um reino e como tal permanecer.

João Camilo de Oliveira Torres, em *A Democracia Coroada*

Na segunda metade do século XVIII, o ardor do individualismo liberal tomou o mundo. Povos ao redor do globo sonhavam com a fraternidade, a aliança entre irmãos que renunciava à relação paterna na imagem do rei. A França, em 1789 acrescentou à Fraternidade, o sonho da Igualdade, reforçando o anseio da estratificação da relação entre os membros de uma nova sociedade, agora não patriarcal e, justamente por não contar com a autoridade do rei-pai, podendo viver pela primeira vez a real Liberdade, graça que só se goza fora de casa, longe da autoridade paternal que impõe as regras autocraticamente.

A ideia da estratificação da sociedade, hoje podemos ver, era impossível de ser freada uma vez que nasceu não como que da cabeça de um pensador, mas da fertilização de um tempo em que os povos ocidentais buscavam a fragmentação de poder, em contraposição à centralização dos modelos imperiais, teocráticos ou aristocráticos.

O que viveu a França no fim do século XVIII já tinha vivido o povo de Israel quando, há mais de 3 mil anos, se dirigindo ao profeta Samuel, os hebreus abriram mão de serem guiados por YHWH e pediram "um rei para nos julgar". Ao povo escolhido, o Rei dos Reis deu um também escolhido (na verdade, o melhor de então), Saul. A França, como não apenas não escolhida se movia também não ao alto mas à frente (?), encontrou não *o melhor* mas iguais. Cambaleou desde então e hoje se encontra perdida em busca de uma identidade.

No hemisfério sul também tínhamos nossos Robespierres, se não advogados, alferes, se não políticos, aristocratas.

Enquanto a guilhotina trabalhava na França, no Brasil uma outra ferramenta funcionava com fúria e pressa. A publicidade de nosso alferes, Joaquim José da Silva Xavier (1746-1792), foi um dom não devidamente analisado por nossos historiadores, mas que, no estudo aprofundado da Inconfidência Mineira, se mostra a habilidade que fez o tira-dentes chegar longe em um projeto que não contou com intelectualidade que o precedesse.

No dia 1º de dezembro de 1775, Joaquim José (então com 29 anos) montou praça nos Dragões, compondo a tropa da Capitania de Minas Gerais. Ganhou farda, armas, montaria e um novo ofício após tentar viver de tirar dentes e trabalhar como caixeiro viajante (habilidades que futuramente lhe salvariam a pele em diferentes situações). Agora, no serviço à Coroa Portuguesa, o ex-dentista passaria a ser a mão forte do rei nas Minas Gerais.

No livro O Tiradentes, uma biografia, o jornalista Lucas Figueiredo registra a rotina interessante na vida de nosso inconfidente:

> *Depois de atravessar vilas e sertões, Tiradentes chegou à sua nova base: um sítio inóspito, insalubre e de clima deslumbrante, praticamente nada havia por lá. De um lado, a Mata Atlântica, com sua explosão de verdes, suas bromélias, orquídeas, onças, seus tamanduás, bichos-preguiça e tiês-sangue. Do outro, um mar agitado, de águas claras azul-turquesa, que terminava em uma longa faixa de praia em formato de lua minguante, de areia clara e fina.*

FIGUEIREDO, L. *O Tiradentes*. Companhia das Letras. São Paulo, 2018.

Para quem passava a vida pelas estradas solitárias e perigosas de Minas Gerais, São Paulo e Rio de Janeiro, montar base na Serra da Mantiqueira proporcionava não apenas um belo escritório como também um lugar propício para confabulações. E foi aí que a oficina do diabo trabalhou e se utilizou de uma falha da Coroa para com os dragões, a remuneração pífia dada a quem dedicava a vida a defender os interesses de Portugal na terra dos Pataxós.

Tiradentes preconizou nossos militares como um profeta do Velho Testamento tipificava, *como em espelho* nas palavras do apóstolo Paulo, os militares de cem anos depois que voltariam da Guerra do Paraguai crentes de que receberiam de Portugal um belo soldo. Por toda a [curta] vida de nosso inconfidente, o sentimento de injustiça remoeu o espírito e a mente do homem que serviu como publicista da possibilidade do primeiro movimento na colônia do Brasil a cogitar uma liberação do julgo português[xxii]. A grande motivação na vida do Tiradentes era se libertar do domínio da Coroa e poder, ele mesmo, dar a si o que a seus olhos lhe era por direito.

O fim do trabalho revolucionário no Brasil e na França foi, tanto lá quanto cá, a guilhotina; lá, dividindo a aristocracia ao meio, aqui, dividindo o alferes em dois.

Por toda a América Latina se espalhou o fogo que ardia pelo hemisfério norte. A nação que hoje conhecemos como Colômbia, no fim do séc. XVIII era denominada Grã-Colômbia, e alcançava as terras do que hoje são o Equador, a Venezuela e o Panamá. E nesse imenso território, o reino da Espanha viu aparecer do nada e de coisa nenhuma a figura de Simón Bolívar (1783-1830), homem medíocre que mesmo sendo de origem aristocrática e recebendo sua educação em Madrid (e morado em Paris por anos), nunca conseguiu absorver o espírito combatente, antes absorveu a ganância, a luxúria e o delírio.

Voltando para casa após sua segunda viagem à Europa, Bolívar encontra-se com José Félix Ribas, seu primo, que lhe convida a compor o grupo revolucionário que intentava libertar Caracas do domínio espanhol. O "libertador da Colômbia" recusa compor a linha de frente, mas aceita uma missão em Londres onde deveria se dedicar à compra de armas para sustentar a revolução. Conseguindo metade de seu intento (Bolívar não conseguiu financiamento direto da Europa, obteve apenas autorização para exportação de armas da Inglaterra para a Colômbia sob pagamento em espécie), o libertador-relações-públicas volta para sua terra e alcança *status* de líder – nada podemos dizer contra o dito popular "em terra de cego quem tem um olho é rei".

Nomeado tenente-coronel do estado-maior e comando de Puerto Cabello (a fortaleza que protegia toda a Venezuela), Bolívar inicia uma história pitoresca que recebeu um de seus melhores registros pelas mãos de Karl Marx, em um trabalho jornalístico produzido para a *New American Cyclopaedia*[xxiii].

Em carta a Engels, Marx confessa ter pegado pesado com a biografia do revolucionário latino: *"seria ultrapassar os limites querer apresentar como Napoleão I o mais covarde, brutal e miserável dos canalhas."*[xxiv]

Vivendo sua meia-idade entre fugas no campo de batalha e ataques de pânico, Bolívar não conseguiu vitórias no campo militar e nem no campo diplomático. Desprezado no reino da Espanha e visto como figura pífia entre os próprios militares colombianos, o libertador contava com a sorte de estar sempre ladeado por homens de fibra (e loucura) que davam tudo de si, como Francisco de Paula Santander (1792-1840), jurista, militar, político e verdadeiramente detentor do título de "Libertador da Colômbia" – só não conseguindo livrar a nós, brasileiros, de termos de ler nos livros de história de nossas escolas o mito de Simón Bolívar, o Libertador.

E assim a vida de nosso continente se passou abraçada a libertadores, inconfidentes, tiranos e déspotas como Francisco Solano López Carrillo (1827-1870), comandante das Forças Armadas e chefe supremo do seu país durante a Guerra do Paraguai; López nasceu em *uma das famílias mais poderosas do Cone Sul, superada apenas pelos Orleans e Bragança do Brasil. Mesmo para os padrões da monarquia europeia, seu patrimônio seria capaz de impressionar e abrir-lhes as portas dos salões mais requintados no além-mar."*[xxv]

Infelizmente, tamanho respeito e riqueza não lhe deram bom senso. López lançou seu pobre povo em uma guerra contra "o Império Português na América Latina" – como era conhecido o Brasil dentre seus vizinhos. Sem camisas e descalços, contando apenas com sua bravura e superioridade numérica em soldados[xxvi], os paraguaios tombaram batalha após batalha, legando para seu povo um rancor que perdura até hoje e faz o paraguaio se ver como vítima da opressão de seus irmãos mais velhos na América Latina.

López, nascido em 1827, não conheceu um Brasil subordinado a Portugal pois este ostentava desde 1815 a condição de Reino. Sempre o teve como *o Reino na América Latina* em tempos em que, tanto a Argentina como o Uruguai se viam tomados de norte a sul por conflitos internos. Certamente, apesar de não ter conhecido em vida nosso Pedro I do Brasil, o conheceu nos livros; e em carne na figura de seu filho Pedro II do Brasil, o Magnânimo. Conheceu também o episódio grandioso em que D. Pedro I, atento aos movimentos das Cortes, se adiantou ao espírito rebelde que pulsava por todo o Ocidente e, em uma jogada de mestre, impediu que os rebeldes transformassem o Brasil em uma republiqueta, concedendo-lhe antes a Independência em um claro movimento revolucionário, porém, coisa inédita, um movimento "revolucionário legalista", nas palavras de João Camilo[xxvii]:

Por dois motivos a fundação do Império foi uma revolução legítima, pelos fins: o restabelecimento da ordem legal ameaçada pelas Cortes e o reconhecimento de que as condições políticas do Brasil e do mundo convergiam para a formação de uma situação democrática. Pelos meios: o Estado brasileiro, por seu chefe, o príncipe regente, e o povo brasileiro, por seus órgãos representativos, das câmaras municipais, ambos convergiram para a consecução dos fins legítimos: a autonomia política do Brasil e o governo representativo.

Tal *xeque* aplicado no tabuleiro da geopolítica europeia seria completado em seu filho, tornado rei quando Pedro I do Brasil abdica do trono em 7 de abril de 1831 e, assim, sela de vez a maioridade da Pátria Amada e a entrega como um pai entrega a filha noiva a um futuro seu e de seu amado.

Pedro I era caçador, desenhista, músico (piano, clarineta, fagote, violão e violoncelo) e compositor (aluno de Marcos Portugal). Não obstante sua realeza (Pedro I era membro da Casa de Bragança) o Rei Soldado vivia o Brasil indo às ruas saber, da boca do próprio povo em entrevistas pessoais, o que pensava o brasileiro e quais problemas enfrentava no dia a dia[xxviii].

Tal formação era obra de grandes homens que forjavam o cavaleiro, o músico, o soldado e o galante. Homens como Benjamin Constant, também multitalentos incluindo a bravura posta à prova na Guerra do Paraguai onde defendeu o Reino e se opôs duramente à Caxias quando, chegando ao *front*, se depara com a caótica gestão do serviço de socorro médico. Em carta à sua mulher[xxix], em 3 de março de 1867 o engenheiro desabafa:

> *Disse algumas verdades que nada têm de boas e ainda hoje estive com o chefe do Corpo de Saúde. Corta o coração ver-se os pobres soldados e oficiais ardendo em febre ou feridos por balas, cortados por metralhadoras, cortando os ares com doloroso gemidos, pedindo água, comida etc., e vê-los assim atirados sobre o convés de navio onde passam um e dois dias sem ter um pão para comer. É o espetáculo mais desumano que se pode imaginar.*

Tal coragem em enfrentar o inimigo e repreender os aliados seria, futuramente, reconhecida no título de "Fundador da República" com o qual Constant é grafado em nossa história. Cativante – pela faceta oposta ao soldado em campo de batalha – é o Constant intelectual, admirador de Augusto Comte quando o positivismo era um ideal pacifista ainda em teste. Benjamin Constant teceu uma teoria do Estado baseada em cinco poderes (ao invés dos três poderes clássicos em Montesquieu), a saber:

Poder Régio: poder neutro exercido pelo rei o qual mantém o equilíbrio em toda a nação;

Poder Executivo: exercido pelos Ministros que, cada qual cuidando de uma respectiva área, seriam nomeados pelo rei;

Poder Representativo Tradição: os Senadores em cargo vitalício, evitando assim a mudança de regímen por atos revolucionários;

Poder Representativo Opinião: a Câmara baixa do Congresso, com deputados eleitos diretamente pelo povo para representar a vontade popular no poder político;

Poder Judiciário: responsável unicamente por fazer *cumprir justiça*.

Homens como Benjamin Constant pensavam o País, o defendiam em campo de batalha se necessário e não cansavam de sonhar um Brasil glorioso. Tanto suor e imaginação não poderiam deixar de influenciar D. Pedro II, que bebeu do pensamento de Benjamin Constant sobre o Estado, como bebeu da fonte de Gaetano Filangrieri[xxx], seu pai, D. Pedro I.

Filangrieri foi um filósofo nascido em Nápoles e autor do clássico *Ciência da Legislação*, obra em que é exposto um programa de governo de tamanha minúcia que, só por sua abrangência já mereceria destaque entre todo o conhecimento registrado sobre o tema, mesmo que em tempos áureos do pensamento filosófico antes do advento da sociologia. Na obra, o autor italiano defende que o Estado tem capacidade para melhorar o sistema econômico e, em um movimento de ataque clássico do liberalismo aponta três diferentes fontes do bloqueio da atividade econômica individual: as ações do governo, o sistema de legislação e o tamanho excessivo das capitais.

Gaetano propôs também uma reforma educacional que marcaria o Brasil eternamente, uma vez que ainda hoje vemos tentativas sucessivas de aplicação do que propôs o filósofo: a divisão do sistema educacional em dois campos, um para a formação de profissionais manuais e outro para a formação de intelectuais[xxxi].

Dedicado em toda a sua obra a atender necessidades sociais objetivando o bem do indivíduo e o crescimento do País, Gaetano Filangrieri pode ser considerado o espírito social de Pedro I, aquele homem que deixava o Palácio e ia às ruas ouvir o que o trabalhador enfrentava no dia a dia.

Apenas um grande homem forjado por grandes preceptores seria capaz de ato nobre e genial como a Independência proclamada em 1822. Em Pedro de Alcântara o Brasil seria uma monarquia hereditária; não absolutista pois constituinte; de espírito democrático pois com legislativo eleito; e pública nos ministros executando serviços específicos de suas pastas sob fiscalização imperial.

Passamos brevemente por alguns dos personagens que viveram o século das revoluções na América Latina, muitos outros poderiam ser citados como Túpac Amaru II (1738-1781), líder da nobreza peruana; Venancio Flores (1808-1868), líder uruguaio; Bartolomé Mitre (1821-1906), ex-presidente da Argentina e tantos outros que, entre sonhos e utopias se digladiaram enquanto o Brasil reinava. Quanto mais nos demorarmos na leitura da história latino-americana, mais veremos a distância que separava as repúblicas (e territórios) do Reino Unido de Portugal, Brasil e Algarves.

Rumo à Democracia

Como Imperador Constitucional, e mui especialmente como defensor perpétuo deste Império, disse ao povo no dia 1º de dezembro do ano próximo passado, em que fui coroado e sagrado, que com a minha espada defenderia a pátria, a nação e a Constituição, se fosse digna do Brasil e de mim. Ratifico hoje mui solenemente perante vós esta promessa, e espero que me ajudeis a desempenhá-la, fazendo uma Constituição sábia, justa, adequada e executável, ditada pela razão, e não pelo capricho, que tenha em vista somente a felicidade geral, que nunca pode ser grande sem que esta Constituição tenha bases sólidas, bases que a sabedoria dos séculos tenha mostrado que são as verdadeiras para darem uma justa liberdade aos povos, e toda a força necessária ao Poder Executivo.

ASSEMBLÉIA CONSTITUINTE, 1823. Palavras do Imperador
Constitucional e Defensor Perpétuo do Brasil

A Constituinte formada por D. Pedro I recebia das mãos de seu Imperador a mais grave missão: gerar a ferramenta que serviria de cinzel para a construção do sonho liberal: a República [Federativa do] Brasil.

Em palavras duras e diretas, Pedro de Alcântara invoca os constituintes[xxxii]:

"[...]espero que a Constituição que façais mereça a minha imperial aceitação, seja tão sábia e tão justa quanto apropriada à localidade e civilização do povo brasileiro; igualmente, que haja de ser louvada por todas as nações; que até os nossos inimigos venham a imitar a santidade e a sabedoria de seus princípios, e que por fim a executem.

Tal ordenação, por vir de um homem forjado na honradez e na tradição, não foi compreendida por um corpo de liberais que se viam como os mais santos em matéria de representação popular[xxxiii]. Diante da missão real, os constituintes se sentiram ofendidos com a citação do Imperador, e em sessão solene protestaram:

> *Uma só corda, Senhor, que podia parecer discorde no bem ordenado concerto, mas que sem dúvida devia de contribuir para o geral efeito da harmonia, feriu os nossos ouvidos. Seria possível que desconfiasse Vossa Majestade Imperial que a assembleia brasiliense fosse capaz de fazer uma Constituição menos digna da nação e de Vossa Majestade Imperial? Não, senhor, semelhante suspeita não seria consoante com o geral teor de confiança que respira todo o discurso de Vossa Majestade Imperial.*

RESPOSTA DE SUA MAJESTADE À DEPUTAÇÃO
DA ASSEMBLEIA CONSTITUINTE QUE, EM 9 DE MAIO,
APRESENTOU-LHE O VOTO DE GRAÇAS[xxxiv]

Aqueles homens da República no Reino, viam o Brasil preso a amarras já desfeitas na Europa. Na visão de homens como José Bonifácio, Martim Francisco Ribeiro de Andrada e Barão de Santo Amaro, para citar alguns dos que presidiram a Assembleia Constituinte, o Império era um atraso cujo fim se via no horizonte e não um tempo áureo do qual deveríamos preservar (tradição) isso e aquilo.

A rejeição por tudo *o que viesse do reino* e a cizânia criada entre o brasileiro e o português[xxxv], foram característica que compunham a essência do espírito daquele século, um tempo que se perpetuou no Brasil e fez de nosso

País, morada perene para a luta contra o melhor. O Brasil se viu diante da necessidade de decidir entre *ter o melhor* ou *ter poder para decidir*. Abriu mão de ser Reino e se lançou no novo mundo de Democracia.

Aqueles que principiaram a jornada democrática no Brasil, como homens de seu tempo foram imiscuídos do espírito positivo de Augusto Comte, o espírito da negação de tudo quanto existe e da iniciação em um "novo mundo de certezas": o mundo exato das matemáticas e o mundo medido e pesado das ciências. Quando o "Fundador da República", Benjamin Constant, em 1857 (ano da morte de Comte) se declarou positivista, foi visto como a primeira adesão de grandeza marcante para o movimento no Brasil e símbolo de um tempo em que os brasileiros (e agora sim, brasileiros!) construiriam o Brasil. Um País feito não por mãos de outro, mas pelas mãos dos próprios nascidos em meio à terra vermelha. Era chegada a nossa hora de não sermos mais guiados por um escolhido por Deus, mas escolhido por nós, tirado do meio de nós. Eis chegada a República!

Esse movimento autônomo unido à negação da Tradição, gestou entre a Declaração da Independência e a Proclamação da República, em um parto de quase 70 anos, um País avesso ao passado de tudo e de todos, negando não apenas a Teologia em Augusto Comte[xxxvi] como também o militarismo[xxxvii], e negando também a origem real da Coroa Portuguesa e a cultura europeia de nossa única intelectualidade vigente[xxxviii].

Assim, a transição de Reino para República no Brasil se passou diante da vista de toda a América do Sul, sendo trazida por homens forjados no pensamento positivista e revolucionário, que nas libertações europeias viam o nascimento de um novo tempo, um novo mundo onde não mais teríamos todos lutando por alguns, mas um tempo de glória social onde todos poderiam finalmente lutar por todos. A sociologia encontrou no Brasil o seu Eldorado, e o humanismo de Augusto Comte fez do Brasil, com o apoio primordial das Forças Armadas, seu laboratório.

Esse abandono da Tradição para cumprir com o anseio de gerar um país inteiramente novo e puro sangue [brasileiro] nos legou, além de um marco zero, um ponto de ignorância típico do abandono. Tal qual o filho pródigo que coloca as mãos sobre sua parte da herança e sai *para um país longínquo, e lá dissipou todos os seus bens, vivendo dissolutamente* (Lc 15), o Brasil toma para si o Palácio e vive dissolutamente, sem deixar o berço esplêndido construído com suor português em meio ao tribalismo que reinava na *terra brasilis*.

Não foi necessário muito tempo de vida desregrada para que, à semelhança do filho da parábola do Mestre, o Brasil voltasse a buscar guarida em reinos. Todas as investidas do Brasil democrático se resumiram à esquerda buscando se aliar ao reino socialista (bolivariano, cubano, russo ou chinês) e à direita buscando se aliar ao reino econômico das grandes potências, em empréstimos sequenciais junto ao Banco Mundial e o FMI.

O Brasil democrático é um adolescente que saiu de casa pra viajar pelo mundo com o dinheiro de uma mesada.

Capítulo 3

Um país sequestrado

Meu objetivo nos dois capítulos anteriores foi o de demonstrar, com sobejo de provas e referências documentais que, a história do Brasil para ser compreendida hoje não deve ser estudada na ordem cronológica natural, do início ao fim, mas em sentido reverso, começando na leitura atual de um país lançado em *impeachments* (tentados e conclusos) após se debater com ditadores militares e civis em busca do direito de escolher o mandatário político da nação.

Manter a mental saudável se tornou impossível no Brasil para quem não se satisfaz em viver a ordem do dia mas, ao invés disso, se propõe a compreender o que passa. Não é possível viver em um país onde a palavra democracia é pronunciada até em *reality shows* de TV e, ao mesmo tempo, a liberdade individual se torna uma expressão utópica de estudantes de sociologia em busca da *commonwealth*[xxxix].

Suspendo aqui a linguagem professoral dos últimos capítulos -- com que muito possivelmente possa ter chateado um pouco meu leitor -- e, voltando ao tom de nosso prólogo buscarei a redenção fazendo-me entender sem citar tantos personagens ou episódios históricos.

Cadê?

Quando ainda no século passado vigorava a superinflação e os militares devolviam o poder aos civis, uma Assembleia Constituinte formada por políticos como Ulysses Guimarães (Presidente), Benedita da Silva (1.º Suplente de Secretário) e Luiz Inácio Lula da Silva, Aécio Neves e César Maia (participantes) se viam na missão de construir o verdadeiro Brasil brasileiro.

Nesse momento de nossa história, o Poder Político entendeu que era necessário garantir (e essa palavra precisa ser grafada) ao povo tudo aquilo que havia sido perdido ou ameaçado durante o Governo Militar. A sociedade, após tomar as ruas em manifestações, entregou o destino do País ao poder político composto então pela esquerda (muito popular após tomar as ruas para representar uma sociedade em meio a um governo militar) e pela direita (adaptada então ao jogo de poder nos bastidores). Esse cenário político foi dominado, ante as câmeras de TV, pela parcela que então era "a cara do povo", ao menos do povo que se pronunciava uma vez que *quem cala consente*. O mesmo povo que saiu às ruas representando um anseio direitista[xl] na Marcha da Família com Deus pela Liberdade, com a saída do governo militar calou consentindo com a ideia de que, agora, era necessário tornar garantido em lei aquilo que quase se perdera nas últimas duas décadas.

Em torno do "fruto do trabalho" girou todo o universo dos constituintes de 1987, que viram nas tábuas da lei uma ferramenta de gravar para não mais se perder as garantias constantes no art. 7 da CF88, cuidando do universo *dos direitos dos trabalhadores urbanos e rurais, além de outros que visem à melhoria de sua condição social,* onde nos próximos 34 parágrafos o time socialista capitaneado por Ulisses Guimarães dispôs sobre seguro-desemprego, salário mínimo, jornada de trabalho, aposentadoria, benefícios trabalhistas e tudo quanto é porcaria utópica que atravanca a liberdade do proletário, o impedindo de sair do chão da fábrica.

Como se dá algo assim? Como um povo pode sair às ruas temendo a ameaça comunista e após duas décadas entregar nas mãos de Ulisses Guimarães, Benedita da Silva, Lula *et caterva* a tarefa de proteger o futuro do Brasil?

Mágica não foi, antes muito e competente trabalho de um time que, inclusive, sempre gritava que não podia trabalhar: a esquerda.

Vê-se que quando chamamos de esquerda estamos nos referindo a políticos, afinal a esquerda é a representação do pensamento socialista especificamente no universo político. No Brasil, debaixo desse manto se encobriu a motivação política de grupos como artistas, advogados, religiosos e bandidos que trabalharam por 50, 60 anos sem serem importunados afinal, *precisamos defender a liberdade de expressão!*.

Esses grupos foram trabalhadores incansáveis de um projeto político travestido, e à conclusão de sua carga laboral entregaram ao povo brasileiro, inclusive à parte que compôs a Marcha, o desejo de um Brasil Social, mais justo e equânime, e isso só se faz com socialistas no poder. Pode-se ver então surgir um velho antipático como Ulisses Guimarães líder de massas, rodando o Brasil à frente de novas marchas, agora não mais para evitar a ameaça comunista, mas para trazer à realidade os ideais do socialismo. Não por outro motivo a Constituição de 88 foi batizada de Constituição Cidadã; ela nasceu com essa aura social mesmo, afinal só a partir dela o povo poderia ter "a garantia" de direitos, os chamados "direitos adquiridos".

Esse trabalho de bastidores é responsável não apenas pela preparação mental de um povo, tornando-o receptivo a um ideal contrário ao de duas décadas passadas, é um trabalho responsável também pela mudança da visão de mundo em todo o planeta, onde se vê na saúde pública beleza na pauta do parto humanizado, uma mulher dando a luz dentro de uma banheira em casa, correndo os mesmos riscos que nossas bisavós corriam há um século; ou no ambientalismo a luta contra o desmatamento, um movimento de ONGs que busca impedir a construção de uma estrada porque ocasionará o extermínio da borboleta-azul-perneta, a *Lepidoptera Pernetatis*. Todos esses movimentos, como demonstrado com maestria e de forma definitiva por Friedman, lutam unicamente com o objetivo de impedir o desenvolvimento da espécie humana sobre a terra, seja impedindo que uma indústria aumente seu parque industrial e assim tenha que contratar mais trabalhadores (o que acarreta em salários mais baixos e pressiona o trabalhador rumo à especialização), seja lutando contra o extermínio de uma espécie em extinção (o que impede a abertura de estradas e utilização de riqueza mineral).

Essa *geração de demanda*[xli] é o trabalho que historicamente nunca foi feito pelos conservadores (ou pela Direita, se quisermos falar de um movimento puramente político). Desde a Revolução Francesa, quando Edmund Burke[xlii] percebeu um movimento liberal individualista, até hoje nunca um grupo político abandonou o trabalho de bastidor e se sentou com a população para discutir o abandono da família, de Deus ou da liberdade. Esse trabalho é feito unicamente pela esquerda, assim como a Marcha da Família com Deus pela Liberdade nasceu no seio popular, mas a Diretas Já! nasceu no PMDB[xliii].

Essa lacuna popular por parte do grupo que defende Deus, Família e Liberdade -- princípios que são base do pensamento conservador – faz com que haja no Brasil apenas uma linha de pensamento, a linha social. O máximo que essa realidade imaginativa permite é o nascimento de demandas sociais, ou grupos políticos progressistas. Não há hoje no Brasil espaço para o nascimento de um Partido Católico, mas existe espaço nas instituições e no coração da sociedade para o nascimento de um Partido da Maconha. Precisamos sempre nos lembrar que o corpo só vai onde a imaginação o leva.

Se um dia pudemos ter um aparelho de telefonia celular é porque Martin Cooper se deslumbrou lendo uma revista em quadrinhos do Dicky Tracy, onde o personagem utilizava um rádio de pulso para se comunicar com amigos[xliv]. Onde os conservadores têm levado a imaginação do povo brasileiro?

Chegamos aqui em um ponto no qual a chamada direita conservadora, esse grupo de cidadãos que se afeiçoou por uma ideia política de defesa do cristianismo e do patriotismo, sintetizada com perfeição no slogan de campanha de Jair Bolsonaro "Brasil acima de tudo, Deus acima de todos", não conseguiu ainda ultrapassar as barreiras mentais impostas por quase uma década de marxismo pregado na mídia e na igreja, a compreensão de que não apenas o sistema eleitoral é uma fraude, mas toda a inteligência humana hoje é uma mentira.

A fraude eleitoral

No ano que se passou, Donald Trump concorreu às eleições presidenciais nos Estados Unidos, com antecedência de mais de um ano o então presidente norte-americano já denunciava que em seu país todo o meio jornalístico mentia para a sociedade, repassando informações falsas sobre "escândalos da Casa Branca", "intervenção russa na eleição de 2016" e tudo quanto é tipo de dado que chegava ao público por meio dos veículos de comunicação. Essa *mentirada* não acontecia apenas com ação da chamada grande mídia, mas também das redes sociais uma vez que assim como o império da CNN, o Facebook também se tornou um conglomerado de empresas privadas por meio das quais o cidadão comum expressa sua opinião.

Veja, é preciso uma repetição com aplicação de aspas aqui, "empresas privadas por meio das quais o cidadão comum expressa sua opinião", pois quando o cidadão insere sua opinião no Facebook, no Twitter ou qualquer outra rede social, o que consta não é aquilo que ele escreveu, mas sim o que o senso comum define como "a opinião certa". Se você contraiu o vírus da

COVID-19, se tratou com o "kit-cloroquina" e foi curado, postar isso nas redes sociais é "errado"; automaticamente, para o bem da sociedade a rede social bloqueia sua opinião, ou quando de bom humor, o moderador daquele rede permite que sua opinião permaneça registrada mas acrescenta a ela um comunicado de "alerta de fake news". Me refiro a opiniões relacionadas à pandemia porque é o tema do momento enquanto escrevo essas linhas, mas podemos falar aqui sobre racismo, monarquia, nacionalidade e até mesmo sobre beleza feminina, tudo isso já está definido pela "opinião pública" quanto ao que é a opinião correta e a opinião errada.

O problema maior quanto a essa censura de expressão e de pensamento, como bem registrou John Stuart Mill em seu clássico *Sobre a Liberdade*[xlv], é que inevitavelmente a sociedade chega num determinado momento em um ponto que os cidadãos não são impedidos de se expressar como querem, mas passam a querer se expressar como a censura quis. Perceba, nenhuma censura precisa ser eterna, basta aos censuradores calar o cidadão até que ele passe a pensar "do jeito certo", a partir daí pode ser dada a ele total liberdade de se expressar. É assim que vemos hoje protestos contra a emissão de opinião e ao mesmo tempo ações em favor da liberdade de expressão. Essa aparente contradição precisa ser compreendida por você, caro leitor, antes que mudes de opinião e passe a pensar "do jeito certo".

É nesse ponto em específico que nós podemos voltar e reanalisar todo o tema tratado no Capítulo 1, quando longamente detalhei o processo eleitoral de nosso país, e no Capítulo 2, em que evidenciei como o processo eleitoral em nosso país sempre foi um processo de fraude de opinião. O público ao se dirigir à urna já tem em sua mente uma "opinião fraudada", e seu voto já não tem a menor importância pois a sua volição não é autêntica.

Diante desse cenário, o que temos no Brasil senão uma massa popular que se achegou ao projeto de um Brasil Conservador, mas que, ao longo de apenas dois anos voltou a se conformar com "o Brasil não tem jeito", "o sistema é forte demais" e "a política é a arte do possível"? As pessoas não estão mentindo, elas realmente pensam assim. Mas não pensavam em 2018! E por que mudaram de opinião? Porque passaram a pensar como esse "sistema forte demais" quer que pensem.

Não é fácil resistir a uma máquina de informação que passa 24 horas por dia, sete dias por semana o ano inteiro, ininterruptamente falando sobre a malignidade do racismo estrutural e a invencibilidade da corrupção brasileira. Resistir à ideia de que não podemos vencer só é possível a quem não se alimenta dos veículos de comunicação tradicionais ou das redes sociais. E excluindo esses dois universos, sobra o quê? Material impresso, mais propriamente livros.

"Ah, mas o brasileiro não gosta de ler."

Sim, a opinião pública já definiu que livro também não funciona. *Não tem jeito, vai ter que ficar tudo assim mesmo.* Essa conformação com o estado atual de coisas é o processo mental que leva ao nada, mantendo eternamente em berço esplêndido qualquer resquício de coragem para mudar.

Ainda hoje se discute que Joe Biden não teve os votos que o colégio eleitoral diz que ele teve. Até hoje a direita estado-unidense defende que o eleitor norte-americano não é burro, ele "votou certo" e votar certo é votar Trump. Ainda não analisaram a indústria da pornografia de Los Angeles, a indústria progressista de Hollywood, a indústria da droga de Chicago e a indústria da vida boçal de todo o sul dos Estados Unidos. A direita "Go Trump!" acredita realmente que após quatro anos consumindo lixo esquerdista todos os dias da semana, o eleitor foi às urnas querendo um país mais protecionista, mais cristão e conservador. A culpa é toda da urna eletrônica.

No Brasil, o ano de 2021 começou com o presidente Jair Bolsonaro questionando a lisura do processo eleitoral feito com as urnas da Smartmatic, o presidente afirma que em nosso país há fraude na contabilização dos votos no TSE. Impressionante é que o mesmo presidente afirmou, em março de 2021[xlvi], ter provas *no tocante à* fraude da eleição em 2018, porém nunca as exibiu. Se o presidente acredita que o eleitor brasileiro é conservador, mas a urna transforma votos conservadores em votos esquerdistas, por que ele não destrói essa máquina do mal em um processo judicial?

Eu respondo: por que a fraude não acontece na urna e sim antes.

A fraude não se dá por meio de bits e sim de neurônios. O eleitor não vota 17 e a urna computa 13, o eleitor quer votar 17 mas ao longo de quatro anos consumindo lixo no programa da Fátima Bernardes e nos programas de rádio transmitidos no YouTube, ele passa a acreditar no poder da sensatez e se torna um adepto do bom-mocismo. Quando ele vai às urnas e chega na cabine secreta da zona eleitoral, ali é que se dá o momento em que o eleitor olha para a urna, a urna olha para ele e acontece o "botar a mão na consciência". A consciência *fatima-bernardiana* que diz "o Brasil precisa ser mais justo", e é aí que o gatilho "o Brasil é uma merda" dispara, e o eleitor faz a arte do possível e vota na esquerda.

O psiquiatra Lyle H. Rossiter detalha todo esse processo em sua obra "A mente esquerdista"[xlvii], lá o autor expõe as entranhas do processo de *esquerdização* da mente norte-america. Um pequeno trecho:

O Social Security, o Medicare, o Medicaid e todos os outros programas sociais federais e estaduais divorciam a segurança material e o bem-estar emocional do indivíduo de suas conexões econômicas e sociais com sua comunidade, e as substituem por um casamento com os oficiais do governo. Em particular, os programas de duas de suas fontes mais confiáveis: sua própria iniciativa de produzir e trocar com os outros, e suas conexões sociais aos membros de sua família, igreja, vizinhança ou vila. A tomada de inúmeras funções sociais individuais e comunitárias pela agenda esquerdista, desde a educação infantil até o cuidado com os idosos, deixou um efeito de alienação do indivíduo de sua comunidade, e roubou de ambos a mutualidade social.

Como pode uma sociedade que vive cercada de afagos governamentais querer a independência do social e a partir daí entrar em um processo de guerra comercial contra a China, independência para com a mão de obra latino-americana e parceria comercial com o Brasil? Mas nem em Wuhan uma ideia dessa passaria pela cabeça de um eleitor (não que lá tenha eleição mas, enfim...). O Brasil precisa imediatamente declarar guerra contra a fraude cultural que domina nossos meios de comunicação, só assim conseguiremos entrar numa era de reeducação mental, onde cada cidadão seja livre para produzir e consumir conteúdo e seguir os passos de sucesso deixados por grandes homens e mulheres ao longo da história de nossa nação.

Se nada mudar...

O Brasil chegará ao único modelo permitido de gestão pública, o social. Esse modelo é o que cuida do povo, que zela pela infância, que atende o mais necessitado e combate as desigualdades sociais, o racismo e o machismo. Não é permitido hoje governar que não para o pobre, mesmo sendo o Brasil um país urbano e em desenvolvimento com a maior parte da população na chamada Classe C, com renda acima de R\$ 1.400,00 *per capita*[xlviii]. Vivemos em um país onde o Governo Federal precisa arcar com o aluguel da moradia, para que o cidadão possa gastar seu dinheiro na parcela do Celta 4 portas. Vê-se aqui que minhas chances na política são zero, preconceituoso de uma figa que sou.

Todo o País concorda que o Brasil é um país desigual. Toda a massa eleitoral brasileira acredita que o racismo é um problema no Brasil. Todo mundo nessa terra de meu Deus acha necessária a discussão pública sobre a homofobia, afinal "eu tenho um amigo que já foi discriminado só porque é gay". A mente esquerdista domina essa nação e foi em um vislumbre que não se repetirá por um bom tempo que, mesmo sendo *social*ista o eleitor teve a grandeza de não votar na esquerda e sim em um candidato que encarnava o perfil de pátria e cristianismo. O abismo em que o PT lançou o Brasil em 2003-2015 destruiu todas as chances de uma saída lógica, e o combo Mensalão & Petrolão fez o eleitor acreditar que só o combate à corrupção salva. Assim, foi às urnas e votou no capitão do exército que gritava "vamo fuzilar a petralhada!". O cenário em 2022 não será o mesmo, e Jair Bolsonaro já trabalha na sua argumentação pós-derrota: "foi golpe".

Essa postura de se adiantar à derrota é ruim e desnecessária, pois ainda é tempo para que todos nos levantemos contra a fraude intelectual que vigora em nosso meio. Ao cidadão urge o abandono imediato do vício em rede social, esse ambiente em que a ordem é "passar o tempo", e o usuário se assemelha a um usuário de drogas que se torna viciado em rolar o dedão pela tela, seja para atualizar o *feed*, seja para ver a próxima candidata a sexo sem compromisso, seja para ver a próxima notícia sobre a urgência de falarmos sobre o transexualismo no Brasil etc., etc. Precisamos imediatamente retomar o controle sobre nossas mentes e passarmos a consumir o meio de transmissão de conhecimento de maior sucesso na história de nossa espécie, a escrita.

Junto com a transmissão oral, a escrita transformou a humanidade. Se os egípcios gravavam em papiro seu conhecimento, a China registrava em tabuletas de bambu sua sabedoria. Ainda hoje, no Brasil, os livros teimam em sobreviver e levar um conhecimento pensado, não cuspido mas revisado, diagramado e impresso para que o leitor não pegue um projeto de ideia, mas um pensamento concluso. Precisamos resgatar o que foi perdido com a alimentação governamental da cultura brasileira, relembrar a expressão artística do interior do Brasil, saborear mais uma vez as antigas receitas de nossas avós, nos vestirmos com o cuidado com que nossos avôs se vestiam e namorar com o respeito que nossas bisavós dedicavam aos que as lhe tiravam para uma dança. Há sim o que conservar no Brasil e há ainda mais o que se resgatar em nosso país, é necessário começarmos porém um processo de assepsia mental, limpando nossas mentes para que então possamos nos tornar produtores de conteúdo limpo e decente.

Em nenhum momento da história humana foram necessárias multidões para mudar os rumos de um país, ao contrário, todos os momentos de grandes mudanças começaram com a organização mental de um pequeno grupo de pessoas cientes dos males de seu tempo. O Brasil ainda não está na fase de transformar o todo, vivemos o tempo do despertar de poucos.

Mudando...

Teremos uma grande parcela da sociedade compondo um novo grupo às rédeas da Nação. O brasileiro naturalmente gosta de política, porém conhecendo apenas aquilo que lhe foi apresentado, ama a política rasteira do Brasil. A política que vende jornais e prende os telespectadores à frente da TV é a política de coronéis e lobistas, essa política que não se relaciona com a ciência política de Bobbio, a sociologia de Weber ou até mesmo a tradição Democrata ou Liberal. É a política novelística que atrai o cidadão brasileiro, que a consome após chegar do trabalho cansado, dar um beijo na esposa e sentar-se no sofá, sem camisa ouvindo o Bonner anunciar quem foi pego com dinheiro na cueca. O Brasil aprendeu a assistir na política brasileira a novela que o inglês aprendeu a consumir lendo Jane Austen. Nossa política é nossa novela, nosso romance e nosso suspense policial, nos alimentamos de escândalos de Brasília como quem devora o novo do Stephen King. Mas...

O tempo vivido no Brasil com o surgimento de uma candidatura firmada nos valores Cristianismo e Patriotismo, fez com que um mundo de cidadãos brasileiros se voltasse à esperança de, mais uma vez, depositar sua fé na Política e vê-la frutificar em ações efetivas de gestão e reorganização do País. Após votar por duas vezes em FHC, duas vezes em Lula e duas vezes na Mulher Sapiens, o eleitor brasileiro resiliente como nenhum outro, conseguiu voltar os olhos para o capitão do Exército que apontava os dedos para o Céu e dizia "Deus e Pátria!". Ali, no mais profundo abismo social que o Brasil já viveu desde o Império, o mais pobre dos eleitores viu uma luz que o guiou para fora do interesse direto, e votou com altivez.

Rui Barbosa, em sua Oração aos Moços[xlix], trouxe a seus jovens ouvintes um brado de esperança e de chamamento à batalha, disse o mestre:

Se cada um de vós meter bem a mão na consciência, certo que tremerá da perspectiva. O tremer próprio é dos que se defrontam com as grandes vocações, e são talhados para as desempenhar. O tremer, mas não o descorçoar. O tremer, mas não o renunciar. O tremer, com o ousar. O tremer, com o empreender. O tremer, com o confiar. Confiai, senhores. Ousai. Reagi. E havei de ser bem-sucedidos. Deus, pátria e trabalho. Metei no regaço essas três fés, esses três amores, esses três signos santos. E segui, com o coração puro. Não hajais medo a que a sorte vos ludibrie. Mais pode que os seus azares a constância, a coragem e a virtude.

Deus, pátria e trabalho é um brado que move a alma latina, e reformulado no Brasil em 2018, omitiu o trabalho mas manteve os outros dois pilares. Se aquele, abandonado, dizia respeito ao *suor do teu rosto*, estes dois trazidos às ruas remetem ao amor, matéria prima do exercício cristão. À Deus e aos homens.

É chegada a hora de um grupo que não saiu do Brasil -- ou saiu e pode retornar – entender que a saída de um povo não está na Política, e sim em si mesmo. Ao contrário, a salvação da Política está em seu povo, uma vez que não é ela a movê-lo, mas por eles ser composta, construída. É de Aristóteles a ideia *uma mão separada do corpo não mais será mão além do nome. Todas as coisas se definem pelas suas funções*[1], e essa ideia tem chegada a hora de sua emergência na imaginação do cidadão brasileiro. Não se é brasileiro vivendo à parte do Brasil. Não se é cristão fora da cristandade. Não se é vivo, sendo morto. Brasileiro é aquele que tem funções de Brasil, cristão quem tem vida para o Cristo e vivo o que vive. Essa parcela que bradou em alta voz dois dos três lemas de Rui Barbosa, pode suar e trazer à existência o terceiro termo que nos volta aos bancos da Faculdade de Direito onde os formandos ouviram a oração do abolicionista, intelectual, jurista, jornalista, orador... brasileiro. Mudando, podemos aproveitar o momento em que, por meio da política rasteira fugimos do abismo ao qual o governo do PT levou o Brasil e nos adentrarmos em um novo mundo, um mundo de valores e de conhecimento que podem guiar uma sociedade rumo à vida adulta.

Tudo no Brasil atual depende uma única resposta: o brasileiro que se uniu em torno de um nome, Jair Bolsonaro, saberá aproveitar o momento e se reunir em torno de um propósito?

Aqui está o "enigma social" que vejo como a chave para decifrar o nosso futuro. O Governo Bolsonaro revelou a uma grande parcela de nosso povo que nós temos capacidade de união. Muito mais que qualquer outro momento de nossa história republicana, a eleição de Jair Messias Bolsonaro uniu um povo. Esses que se uniram na Política, se unirão as virtudes?

A Política não pode entregar o que o eleitor exige. Ética, Moral, Patriotismo, Cristianismo não são valores que constam (e emergem) de estatutos de um partido político ou de um plano de governo, são valores que só podem existir nas mentes e nos corações de quem compõe um povo. O que o eleitor exige só pode ser entregue por ele mesmo, e essa entrega é como um mergulho em águas cristalinas onde se vislumbra tesouros submersos; cabe agarrá-los e trazê-los à superfície. Não será um tesouro no fundo do mar, lá é um algo perdido. Na superfície pode ser admirado, e valorado!

O momento é de identificação desse grupo abnegado, e reunificação em torno do que realmente pode nos entregar aquilo que tanto buscamos, um país grande e forte. Não é esse o desejo de todo ser vivo? Crescer e se tornar forte? Crescer para ter para si e para o outro? Se realizar na satisfação própria e no serviço ao semelhante? Sim, é esse o mover natural de nossa espécie – e de toda a vida.

---

[i] *Diário de um homem supérfluo*, de Ivan Turguêniev (1818-83), romancista russo que caracterizou o cidadão russo comum – o homem que passa a vida sem se envolver em nada grandioso que não seus próprios problemas, elevados à máxima importância unicamente por serem seus.

[ii] Leviatã, de Thomas Hobbes é um clássico da literatura inglesa lido em todo o mundo, nele o autor retrata na figura do místico monstro marinho, o Estado. No Cap. VII o inglês define o termo "Opinião": *quando o Discurso de um homem não começa pelas Definições, ou ele começa por alguma outra contemplação própria* (HOBBES. T. 2019).

[iii] Após a volta do pensamento conservador ao poder nos Estados Unidos, Brasil e Inglaterra, os três setores abordados nesse primeiro capítulo cunharam o termo "pós-verdade" para insinuar o que o termo idiota usado aqui, "verdade verdadeira" diz de forma honesta: a verdade que os formadores de opinião querem que seja a opinião pública, e não a verdade dos fatos.

[iv] Sistema que restringe o acesso a conteúdo publicado na internet, exigindo pagamento para só então liberar o acesso. Hoje o *paywall* é utilizado em jornais de todo o mundo, numa clara demonstração de que o objetivo não é mais informar a todos mas sim distribuir informações estrategicamente.

ᵛ Jean-Baptiste Debret, pintor francês que integrou a *Missão Artística Francesa* (1817) e fundou, no Rio de Janeiro, uma academia de Artes e Ofícios que mais tarde veio a ser conhecida como a Academia Imperial de Belas Artes.

ᵛⁱ ANDRADE. O. *Manifesto Antropófago e outros textos*. Companhia das Letras. São Paulo, 2017.

ᵛⁱⁱ Quando da elaboração desse texto, a pasta da Cultura ainda se vê aliada ao Turismo, no atual Ministério do Turismo que engloba a Secretaria de Cultura e a Embratur.

ᵛⁱⁱⁱ LEVINE. R. M. *Pai dos Pobres?: o Brasil e a Era Vargas*. Companhia das Letras. São Paulo, 2001.

ⁱˣhttps://veja.abril.com.br/politica/silvio-santos-centrao-huck-maia-os-elos-do-novo-ministro-fabio-faria/

ˣ Milton Friedman, economista nascido em Nova Iorque, autor do clássico *Livres para escolher*, livro onde escancara a hipocrisia dos sindicatos no trecho A origem do poder sindical, onde escreve *"Como os sindicatos conseguem elevar os salários de seus membros? Qual é a origem essencial de seu poder? A resposta é: sua competência em manter baixo o número de empregos disponíveis ou, de modo equivalente, manter baixo o número de pessoas disponíveis para uma classe de empregos"*.

ˣⁱ Gilberto Mendonça Teles, poeta e crítico literário brasileiro nascido em Bela Vista de Goiás, autor do mundialmente admirado e estudado *Vanguarda Européia e Modernismo Brasileiro*.

ˣⁱⁱ Trecho do poema "Composição".

ˣⁱⁱⁱA classe dos intelectuais na Rússia *tsarista* no século XIX, esp. sua vanguarda política tão retratada pelos romancistas russos como Tchekhov, Dostoiévski e Pushkin.

ˣⁱᵛhttps://politica.estadao.com.br/noticias/geral,governo-vai-dar-cachimbo-a-dependente-de-crack,20030521p35361

ˣᵛhttps://www.correiobraziliense.com.br/app/noticia/cidades/2017/03/27/interna_cidadesdf,584022/lona-de-circo-desaba-apos-chuva-e-mata-uma-pessoa-na-asa-norte.shtml

[xvi] Foram mantidas aqui as regras gramaticais vigentes à época, com a acentuação registrada nos documentos oficiais ainda hoje.

[xvii] Diversos romancistas brasileiros relataram essa realidade que se prolongou por décadas no Brasil, saliento aqui a obra "O mulato" de Aloízio de Azevedo e toda a obra de Machado de Assis.

[xviii] Ignoro aqui a questão de momento do Brasil, onde se discute se "foi golpe ou não" o que aconteceu em 1964. A linha que nos importa aqui é a análise do processo eleitoral, assim, se não houve eleição, foi golpeado o processo eletivo.

[xix] Os intelectuais tiveram papel vital em todo o movimento comunista durante o governo dos militares. Exemplo claro dessa atuação se deu na pessoa de Caio Graco Prado, responsável por criar toda a identidade visual das "Diretas Já", dando ao movimento revolucionário uma face patriótica, toda em verde e amarelo contando inclusive com um bandeirão. Atuação de bastidores alcançou repórteres da Rede Globo, que iam ao trabalho vestindo gravatas amarelas em protesto contra a própria emissora que, naquele momento, havia decidido por não cobrir as manifestações populares.

[xx] O PDS, fundado em 1980, nasceu após o fim do bipartidarismo instaurado no governo militar, sua proposta era ser o partido de direta da política brasileira, sucedendo o ARENA. Pouco mais de 10 anos após seu nascimento, chegaria ao fim em 1993 ao se fundir com o Partido Democrata Cristão (PDC) e formar o Partido Progressista Reformador (PPR).

[xxi] Vendo que o PDS representava a política de Direita herdada do ARENA, Tancredo rachou o partido e absorveu a ala direitista da sigla em torno de si, empurrando assim Paulo Maluf para a esquerda, deixando claro para o eleitor que, na eleição de 85, a Direita era Tancredo. Nessa aliança, Tancredo deu sua principal cartada ao cooptar o ex-presidente do PDS, José Sarney, o que configurou um dos maiores episódios de infidelidade partidária de nossa história política, sendo o próprio Sarney o candidato a vice-presidente da chapa com Tancredo. Formou-se então, uma dupla imbatível e o jogo da eleição para presidente em 85 acabou antes dos congressistas irem à urna.

[xxii] CASTRO. M. C. *Autos da devassa*. Editora Juruá. Curitiba, 2016. Págs 59-

73.

[xxiii] MARX. K. *Símon Bolívar*. Editora Martins Fontes. São Paulo, 2008.

[xxiv] Carta de Marx à Engels (14 de fevereiro de 1858).

[xxv] LIMA. L. O. *A Guerra do Paraguai*. Editora Planeta. São Paulo, 2016.

[xxvi] LIMA, op. cit., p. 180.

[xxvii] TORRES. J. C. O., op. cit., p. 68.

[xxviii] MACAULAY, Neill. *Dom Pedro: The Struggle for Liberty in Brazil and Portugal*. Durham: Duke University Press. 1986.

[xxix] LEMOS, Renato. *Cartas da Guerra: Benjamin Constant na Campanha do Paraguai*.IPHAN, Museu Casa Benjamin Constant. Rio de Janeiro, 1999.

[xxx] SOUSA. O. T. *História dos fundadores do Império do Brasil - Vol. II: a vida de D. Pedro*. CEDIT. Distrito Federal. 2015.

[xxxi] No dia 16 de fevereiro de 2017, o então Presidente Michel Temer sancionou a Lei nº 13.415/2017 que tinha como maior expectativa a proliferação de centros de ensino técnico em todo o País, colocando fim ao foco único do estudante em entrar em uma Universidade Federal e obter diploma de nível superior. Tais estudantes, na realidade brasileira, acabam exercendo serviços técnicos, porém de baixa qualidade por não terem formação técnica e sim acadêmica. Desnecessário dizer que *a esquerda brasileira* reclamou ser esse um pensamento preconceituoso objetivando apenas tirar do preto-pobre a possibilidade de ser formado.

[xxxii] BONFIM. J. B. B., CALMON. P. *Falas do Trono*, Livraria do Senado. Conselho Editorial do Senado Federal. Brasília, 2019.

[xxxiii] No livro do profeta Isaias (65), YHWH estende sua mão a todos os povos prenunciando o Novo Testamento em Cristo Jesus, a razão: seu povo não O buscava; se achava mais santo do que Ele e, assim, impedia a aproximação entre o Criador e a criatura. O movimento liberal no fim do segundo reinado passou pela mesma figura, uma vez que os liberais não conseguiam enxergar na Coroa Portuguesa o cuidado para com o povo, antes viam a opressão e a dominação. Quando, desde o primeiro ordenamento para produzir uma Constituição que fosse grandiosa, os constituintes já se ofendiam com a ideia de que não estavam à altura da missão.

[xxxiv] Op. Cit.

[xxxv] Os revoltosos de 1823 que boicotar a elaboração de uma Constituição *digna do Brasil* -- para usar as palavras do Imperador --, criaram tamanha intriga entre o povo brasileiro e o povo português que, no Manifesto aos Brasileiros divulgado pelo Imperador em 16 de novembro de 1823, D. Pedro I repreende duramente tal estratégia que chama de "sediciosos princípios" colocados em prática para "semear a discórdia entre os cidadãos nascidos no Brasil e em Portugal, procurando destruir a força moral do governo".

[xxxvi] O filósofo francês propagava sua Teoria dos 3 Estados (Teológico, Metafísico e Positivo) como a evolução natural do Humano, levando da crença no superior à crença no invisível e à posterior constatação do visível, chegando enfim ao *real*. Consequentemente (ou naturalmente, na visão de Comte) a Teologia era um estado primitivo da mente humana, necessitando de ser ultrapassado para que o mundo pudesse enfim passar a lutar pelo bem humano, o que leva o filósofo a criar o Humanismo, filosofia que marcou o trabalho de Augusto Comte e se tornou a filosofia de todo o movimento globalista mundial, se tornando regra em todas as organizações globais como ONU, União Européia e BID.

[xxxvii] O Positivismo de Augusto Comte teve forte influência sobre o pensamento matemático (encontrando forte adesão no meio acadêmico das ciências exatas) motivo pelo qual se tornou religião dentro das academias militares, ambiente dedicados quase que em sua totalidade às engenharias. Não trazia porém apenas o aspecto matemático em seu bojo mas também a concepção anti-militarista das Forças Armadas, o que foi muito bem recebido pelo Exército Brasileiro que, após a Guerra do Paraguai, não tinha mais a menor disposição para o conflito bélico, se vendo unicamente como uma instituição política com a vantagem da aparência da força. A partir da adesão das Academias Militares ao Positivismo, o Exército Brasileiro passou então a se tornar o maior órgão pacifista do País, lutando inclusive pelo desarmamentismo civil. Esse interessante ponto foi criticado duramente pelo General Severino Sombra (1907-2000), militar e sociólogo brasileiro natural do Ceará e agente motivador de Plínio Salgado (*A Formação da Sociologia*, Imprensa Nacional, 1941).

[xxxviii] A intelectualidade responsável pela ideia de um "Brasil brasileiro" era toda vinda da Europa, à semelhança de Bolívar que veio libertar a América Latina do

julgo europeu após se instruir em Paris.

xxxix Em 1656, James Harrington publicou um material utópico intitulado "The Common-wealth of Oceana", onde defendia um modelo constitucional de uma nação fictícia denominada -- Oceana. Quase três séculos depois, em 1926, nascia no Reino Unido a *Commonwealth of Nations*, uma organização intergovernamental composta por 53 países membros do Império Britânico unidas com o propósito de trabalhar em conjunto em busca da promoção da democracia, direitos humanos, boa governança, Estado de Direito, liberdade individual, igualitarismo, livre comércio, multilateralismo e a paz mundial. Need*less to say*, estão todos esses países hoje na mesma situação que o Brasil: perdidos em busca da tal "verdadeira democracia".

xl Depois que o presidente João Goulart assinou dois decretos permitindo a desapropriação de terras e autorizando a transferência e o controle de refinarias de petróleo para a União, o povo brasileiro se uniu no temor ao Comunismo, demonstrando uma clareza grandiosa em momento tão nebuloso da política mundial. O ano de 1964 fez viver em todo o mundo a possibilidade da volta dos derrotados com segunda grande guerra, assim as sociedades buscavam força naqueles que poderiam defender a família do controle tirânico dos líderes socialistas globais. O medo da afronta estatal contra a propriedade privada, a fé cristã e a família foi então um vetor dos princípios conservadores no povo brasileiro.

xli Cunhei o termo *Geração de Demanda* e a ele dediquei meu trabalho em campo no ano de 2020, onde viajei pelas cinco regiões do Brasil gerando junto ao eleitorado local de centenas de municípios brasileiros, o desejo de ter uma agenda conservadora aplicada por meio do poder público.

xlii O filósofo e teórico irlandês Edmund Burke (1729-97) é autor da obra "Considerações sobre a Revolução na França", considera uma bíblia do conservadorismo, pois a partir dela o mundo político passou a entender como movimentos sociais podem mover a população em torno de um plano de ação que culmina na alteração da ordem de uma nação.

xliii As Diretas Já! começaram no município de Abreu e Lima-PE, quando em março de 1983 um grupo de políticos do PMDB deu início às manifestações públicas por eleições diretas.

[xliv] Considerado o pai da telefonia celular, o engenheiro norte-americano Martin Cooper (1928) concedeu entrevista em 2015 e falou sobre a inspiração que o levou a criar o Motorola DynaTAC, conhecido como "tijolão".

[xlv] MILL. J. S. *Sobre a liberdade.* Vozes De Bolso. 2019. Nesse título, o autor defende que é necessário resguardar ao cidadão o direito não apenas de se expressar, mas também de pensar. O que vemos hoje no Brasil é a proibição de pensamento, algo que à leitura do filósofo inglês na primeira metade do século XIX poderia parecer distopia apocalíptica.

[xlvi] https://veja.abril.com.br/politica/bolsonaro-afirma-ter-provas-de-que-eleicao-foi-fraudada/

[xlvii] ROSSITER. L H. *A mente esquerdista.* Vide Editorial. Campinas, 2016.

[xlviii] http://epocanegocios.globo.com/Revista/Common/0,,ERT296900-16357,00.html

[xlix] BARBOSA. R. *Oração aos moços.* Senado Federal. Brasília, 2019. Essa é uma publicação fruto de um convite feito a Rui Barbosa para ser paraninfo dos formandos da turma de 1920 da Faculdade de Direito do Largo de São Francisco. Não podendo se fazer presente, Rui Barbosa escreve o texto e o envia para ser lido pelo Diretor da Faculdade. Assim foi feito e eis aqui um belo registro do ensejo de um Brasil grande, conquistado por braços fortes de um povo cheio de amor.

[l] ARISTÓTELES. *A Política.* Edipro, 2019.